诗意在人间

人间的诗意

文艺女神缪斯被奉为诗人的守护神

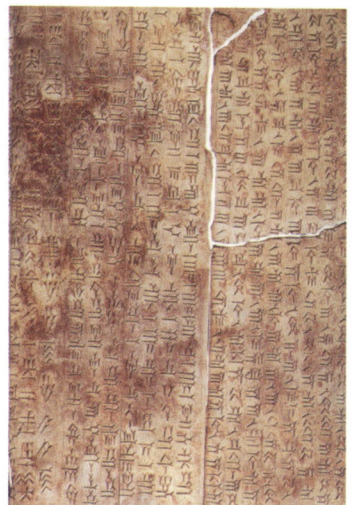
巴比伦人用削尖的芦苇在泥版上写字,这种楔形文字记录了人类的第一部英雄史诗《吉尔伽美什》

古埃及的《亡灵书》,是人死后灵魂在冥界的旅行指南

埃及法老向长着朱鹭头的智慧女神透特问学

希腊古瓮上的汲水图

长达十年的希腊城邦之间的"特洛伊之战",留在人间的是两部《荷马史诗》

拉奥孔识破"木马计",遭神惩罚

奥德修斯从特洛伊战场返回家乡

盲诗人荷马行吟人间

灵感附身,诗胎暗结(莫罗画)

诗意在人间

人间的诗意

"从此我就一直徘徊在你的身影里。"
——勃朗宁夫人

凡·高眼中的星空。"只要你们看我,我会永远纯净。"
——米斯特拉尔

米开朗琪罗刻刀下的《夜》:"睡眠是甜蜜的。成为顽石更是幸福,只要世上还有罪恶与耻辱的时候,不见不闻,无知无觉,于我是最大的欢乐:因此,不要惊醒我,哎!说话轻一点!"

在被阿波罗触及身体的瞬间,达芙涅化身桂树。

"她的肢体,柔嫩的酥胸箍上了一层树皮,头发长成了树叶,手臂长成了树枝,刚才还迅捷的脚扎下了呆滞的根,而头变了树顶。只有她的美依然留存。"
——奥维德

"在枝干粗壮的树下,一卷诗抄,一大杯葡萄美酒,加一个面包——你也在我身旁,在荒野中歌唱——啊,在荒野中,这天堂已够美好!"
——哈亚姆

爱与美之女神维纳斯的诞生 "愿未爱过者明天就爱,愿爱过者明天也爱!"
——《对维纳斯的夜祷》

"你用那乌黑的睫毛,把我的信仰穿得千疮百孔。"
——哈菲兹

蒙娜丽莎永恒的微笑
"你需要的话,可以拿走我的面包,可以拿走我的空气,可是别把你的微笑拿掉。"
——聂鲁达

诗意在人间

人间的诗意

贝雅特丽齐的使者携但丁渡过忘川:"她把我浸在河里,直没到我的咽喉;她把我拖在她的后面,在水上行走,轻飘得像一条小舟。"
——但丁《神曲》

诗人威廉·布莱克的画作《古老的日子》。"他从上帝永恒的备用之物中,取出那黄金制作的圆规,他在周围画出了宇宙,以及所有的造物……"
——弥尔顿《失乐园》

诗人洛尔卡的画作《落下的面具》

恶之花
"到处是医院、妓院、监狱、地狱、炼狱,这一切极恶犹如一朵巨大的鲜花开放。"——波德莱尔

哈姆雷特永恒的疑问:
活着还是死去?
这是一个问题

"一棵松树在北方,
孤单单竖立在枯山上,
冰雪的白被把它包围,
它沉沉入睡。
它梦见一棵棕榈树,
远远地在东方的国土,
孤单单在火热的岩石上,
它默默悲伤。"——海涅

诗意在人间

拜伦等友人在海滩火化溺水身亡的雪莱,诗人的墓志铭是"众心之心"

"我是纯洁的莲花,
太阳神的气息养我辉煌地发芽,
我从黑暗的地下升入阳光世界,
在田野开花。"
——《亡灵书》

人间的诗意

敬 启

  严凌君先生主编的"青春读书课"系列丛书，立意高远，贴近青少年阅读心理，选文题材广泛，内容丰富。在编辑过程中，我们按照现代出版规范对选文进行了统一处理，对部分选文做了删减，力求提供一套符合现代文字规范的青少年读物，以帮助读者建立对纯洁汉语的认知与体悟。敬请作者、译者见谅。

  另外，我们已经联系到部分选文的作者和译者，他们同意将作品列入"青春读书课"系列丛书出版，但由于作者面广，仍有部分作者和译者无法取得联系。请作者和译者看到本系列丛书后尽快与我们联系，以便奉寄样书和稿酬。

  诚致谢意！

  联系人：蒋鸿雁
  电话：0755-83460371
  Email：984213171@qq.com

海天出版社

青春读书课·珍藏本　第七卷
成长教育系列读本

严凌君　主编/导读

人间的诗意

人生抒情诗读本　［上］

海天出版社（中国·深圳）

图书在版编目(CIP)数据

青春读书课. 人间的诗意. 上 / 严凌君主编、导读.—深圳:海天出版社,2018.1(2019.10重印)
ISBN 978-7-5507-2188-3

Ⅰ.①青… Ⅱ.①严… Ⅲ.①阅读课-中学-课外读物 Ⅳ.①G634.333

中国版本图书馆CIP数据核字(2017)第269123号

青春读书课. 人间的诗意. 上
QINGCHUNDUSHUKE. RENJIAN DE SHIYI. SHANG

出 品 人	聂雄前
责任编辑	蒋鸿雁　谢　芳
责任技编	梁立新
责任校对	张　敏
书籍设计	韩湛宁
插页设计	李晓光

出版发行	海天出版社
地　　址	深圳市彩田南路海天综合大厦（518033）
网　　址	www.htph.com.cn
订购电话	0755-83460293（批发）　83460397（邮购）
排版制作	深圳市思成致远创意文化有限公司 Tel：0755-82537697
印　　刷	深圳市华信图文印务有限公司
开　　本	787mm×1092mm　1/16
印　　张	18
字　　数	290千
版　　次	2018年1月第1版
印　　次	2019年10月第3次
定　　价	32.00元

海天版图书版权所有，侵权必究。
海天版图书凡有印装质量问题，请随时向承印厂调换。

序

在阅读好书中构建自己的精神家园

（一）

简直不敢相信，这厚厚的七大卷书竟出自一位普通的中学老师一人之手——我编过类似的中学生课外读物：《新语文读本》。我们是动员了十多位朋友，先后折腾了两年，才编出来的，其中的艰苦，我是深有体会的。因此，我懂得这数百万字的分量。

对于一直在关注、思考中学语文教育的我，这套书更有一种特殊的意义。当我发现在许多重要的教育理念、编辑思想上，我，以及我们《新语文读本》的朋友与这套书的编者严凌君确有相通之处，自有一种志同道合的欣慰感，在某种程度上，这是反映了一种共同或类似的教育思潮的；而当我进一步发现，严老师的思考有许多属于他自己的独立创造与开拓，更是感到由衷的喜悦。这正是我要感激严凌君先生以及他的学生的：他们的试验激发与深化了我的思考。

因此，我十分乐意为这套书写序，也借此向严老师，以及所有处在教育第一线的语文老师们，表示我最大的敬意。因为只有他们，才是中国语文教育改革的主力，如果不能保证中学语文老师自由言说的权利，不能充分发挥他们的积极性与创造性，并且落实到他们的具体教学实践中，中国的教育改革，就会如有些老师所担心的那样，仅仅成为一阵喧嚣。有什么样的教师，就有什么样的教育；中学语文教育改革的成败，全系于语文老师的文化、精神素质和主动精神。严凌君老师编写的课外阅读教材和他主持的深圳育才中学"青春读书课"的成功，之所以如此令人振奋，就是因为这是期待已久的第一线老师的个性化的言说，是他们对中国语文教育的思考与追求的独立表达；而我知道，像严凌君这样已经或准备发出自己的声音，并在努力实践的老师，其绝对量并不小，而且将会越来越多。这正是中国语文教育改革的希望所在,也是这套读本的独特价值所在。

(二)

严老师说,他的读书课和他编的教材,都是他送给学生的"礼物"。听听学生的反应,是不能不为之感动的——"读书课给予我们一个和伟人交流的机会和氛围,再不是和网友胡侃,不是包围在数理化的题海里,不是每天重复过着日子,平庸地思考。它让我知道世界上还有这么一群人,在思考着这么一些问题,发现原来世界并不像自己想象的那么简单,知道原来我们祖先是这样一步一步地走向文明……老师的一句解说让我们恍然大悟,豁然开朗,引起太多太多的思考——我们到底为什么活着?自由的意义是什么?……原来活在这个世界上,不仅需要知识,还需要那么一点精神支柱;我终于懂得,不仅需要知识武装自我,还需要有精神来升华自我。"

这里,涉及一个非常重要的问题:中学教育究竟意味着什么?我们知道,中学阶段,正是人生的起始,是人的个体生命的"童年"。而中学生活与人际关系的相对单纯、无邪、明亮、充满理想,就使得中学更是人生中的梦之乡,它不可重复,留下的却是永恒的神圣记忆:一个人有还是没有这样的神圣记忆,是大不一样的。中学阶段当然需要学习知识,但更需要的是通过知识的学习,构筑一片属于自己的精神家园,即使带有梦幻色彩,却会为终生精神发展垫底,成为照耀人生旅程的精神之光;而且可以时时反顾,是能够返归的生命之根。

严老师正是从构建学生精神家园这一大视野,去思考与设置他的中学阅读教育的作用与方式的。他提出了两个非常有意思的概念:"平面的生活"与"立体的生活"即"第二种生活"。所谓"平面的生活"是受具体时空限制的,是偏于肉体的、物质的;而"立体的生活"则是精神的、心灵的生活,是超越时空的。中学生就其平面生活而言,显然是狭窄有限的;但却可以通过书籍这个秘密通道,打破时空的限制,穿梭古今,漫游于人类所创造的精神空间,这不仅极大地扩展了学生的精神生活面,而且也极大地提高了学生精神生活的质量:在和创造人类与民族精神财富的大师、巨人的对话中,重新经历他们在书中所描述的生活,自会达到一种前所未有的精神境界。

由此而形成了一个基本理念:"在阅读好书中构建自己的精神家园"。这一理念是贯穿全书的。

严老师的这套读本共分七卷，按我的理解，似乎可以分为三大板块。一至三卷，即《成长的岁月——我的学生时代读本》《心灵的日出——青春心智生活读本》与《世界的影像——文学理想启蒙读本》，某种程度上可以视为"生命读本"，是和学生一起讨论他们从童年到少年、青年的生命成长过程中所遇到的各种精神命题，帮助他们认识自己和自己赖以生存的世界。其中又贯穿着两个教育理念："成长的权利"与"敬畏青年"。严老师满怀激情地这样写道："从出生到大学毕业，一个人要用二十几年来求学，在此期间，他无须对社会有所贡献，他的任务就是学习、成长"，于是就有了"成长之美"与"成长的感觉"，更重要的是，还有"成长的权利"："儿童的权利，就是探索、发现和成长的权利。"而"青春时代不只是为了成年生活做准备，它本身就是一种生活，最多的梦想，最纯的情感，最强的求知欲，最真的人生态度……让我们一边欣赏自己青春的美，一边为自己的未来播种"。应试教育的最大问题正是在于对孩子仰望天空的幻想的权利的剥夺，对好奇、探索、发现、创造的欲望的压抑，用残酷的生存竞争，打磨年轻人生存的锐气，消解他们的理想与青春激情，最终把学生变成一个"成熟"的庸人。严老师的读本所要做的工作，不过是要把"属于孩子的还给孩子"，放手让他们自由而健康地成长。

第四卷《古典的中国——日常生活人性读本》，第五卷《白话的中国——20世纪人文读本》，第六卷《人类的声音——世界文化随笔读本》，则可以视为"文化读本"。严老师也自有独特的理解与处理：讲中国古代文化，他强调要引导学生"看中国人如何诗意地栖居在大地上"，"知道中国民族文化的好处，才能高高兴兴地做一个中国人"。他认为，引导青年学生"阅读20世纪白话文本"，"就是认识20世纪的中国，从文字上为百年中国把脉"。这是刚刚过去的历史，与"现在的中国"的现实生活有着血肉联系，与今天的学子是更为休戚相关，也更重要："书籍一定要与人痛痒相关才值得去读。"而讲到外国文化，他这样开宗明义："人所具有的，我都具有。世界，是我们共有的世界；一切的文化都有我的一份；一切的声音，都有我的音量。"他要引导学生建立一种"人类的家园"意识：一切非本民族的文化都不是"他者"，而是"我"的一个部分；"我"也应该对人类文化的创造做出自己的贡献。

第七卷《人间的诗意——人生抒情诗读本》，是以"诗歌"为"青春读书课"系列读本作"结"，这里包含着对"诗"与"年轻的生命"的内在联系的深刻理解："几乎在每一个人的人生中，都有一段诗意盎然的岁月，仿佛只有诗歌才能述说满腹的心思、书写对生活最初的感应。每个年轻人天生的就是诗人。"严老师所要做的，正是要恢复诗歌本身，以及中学诗歌教学所应具有的神圣地位。从整套书系的结构上看，这显然是一个提升：将所有的阅读、思考、讨论，都升华为纯净而丰厚的心灵的诗。

这不仅是对生活的诗意的把握，更是对语言的诗意的感悟。"汉语家园"是"精神家园"题中应有之义：母语，是一个人存在的永远的皈依。引导中学生感悟汉语之美，感受正确而自如地用汉语表达自己的快乐，建立与母语的血肉联系，将母语所蕴含的民族文化、民族精神的根扎在心灵的深处，并在此基础上构造起自己的精神家园。这是中学语文教育的根本，也是严老师这套读本的归结点：这里充满着思想之美、文学之美与语言之美，相信孩子们会喜欢它，成年人，我们这些教育工作者，也能从中受到许多启示。

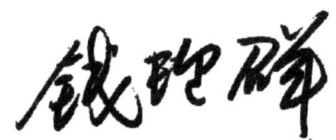

前 言

　　几乎每个民族的祖先，都不约而同地选择了以诗歌作为最初的母语文学形式。人类的文学以诗歌开篇，或许，诗歌是人类心灵最隐秘的语言，最能表达人类质朴的感情和真纯的心愿？

　　几乎在每个人的一生中，都有一段诗意盎然的岁月，那是多愁善感、混沌初开的青春期，迷惘执着的深情，敏感纤细的心灵，仿佛只有诗歌才能诉说满腹的心思、书写对生活最初的感应。因而，每个年轻人天生就是诗人。

　　人们把世界最美的状态称为诗境，把心中最美的意念称为诗意，把文字中最精妙的语言称为诗句，把最动人的画面和最能激发人的想象的言外之意称为诗情。人间最深情的一刻，是诗；人心最美丽的邂逅，是诗。诗歌，让我们亲近大地的美和人性的光辉。

　　诗歌有最真的人性、最善的灵魂、最美的人生。诗意是我们所有美好的祈愿，是人性纯净的本源，又是人间理想的境界，是人类所希望的最有价值的生活，是人的心灵所能达到的最奇妙的境界。人诗意地栖居，成为永恒的渴求。

　　诗人在创造一个世界，把人眼看不见的大千世界深藏的美馈赠给世人。他们用惊人的想象力推动人类的双脚，踏上灵魂的幽径，打开天空的大门，走向一片充满爱与美、河里淌着奶和蜜的净土。我们扎根在大地，诗人为我们搭建了云梯，通往神明之境。诗人是最具赤子之心的人，面对人世的虚伪与丑恶，他就是那个指出皇帝没穿衣服的孩子；面对日常生活的庸俗和粗鄙，他就是为我们提醒梦想和幸福的满天星光。

　　读诗，是智慧的奇遇，灵光的闪耀，魂魄的悸动，无以言说的感动；读诗，可以澡浴精神的尘埃，刺伤情感的平庸，点燃神奇的魅惑；读诗，让我们口有余香、心有光明。遗憾的是，对诗歌的任何解说都只能是散文。如果说翻译就是丧失，那么读者也是译者，导读诗歌无疑是一件笨拙的工作，诗无达诂，诗意的丰富特性允许我们对一首诗作多种解读，我所提供的只是一种视角，而你的视角，在你的心中。读诗，需要你的悟性、你的感应。

当诗歌从窗口溜走,散文从大门进来,我们的心里如果有一份诗意,生活会更值得人眷恋。这部人生抒情诗读本,选择了与人的成长密切相关的那一部分诗,希望是可以伴你一生的诗篇。那么,读诗吧,请你进入诗意的世界。

目 录

上编
我来到这个世界

我来到这个世界

我来到这个世界 【俄国】巴尔蒙特 …… 003
太阳礼赞 【古埃及】《亡灵书》 …… 005
朝霞 【印度】《梨俱吠陀》 …… 007
雨云 【印度】《梨俱吠陀》 …… 009
大地 【印度】《梨俱吠陀》 …… 011
大地 【意大利】夸西莫多 …… 012
古老的海洋 【法国】洛特雷阿蒙 …… 014
致大海 【俄国】普希金 …… 018
宛若莲花 【古埃及】《亡灵书》 …… 022
写于早春 【英国】华兹华斯 …… 023
童年 【俄国】吉米廖夫 …… 025
西风颂 【英国】雪莱 …… 027
催动花朵的力 【英国】狄兰·托马斯 …… 032
喝饮科林斯的太阳 【希腊】埃利蒂斯 …… 034

星与树

对星星的许诺 【智利】米斯特拉尔 …… 036
默想 【英国】罗素·葛林 …… 038
灿烂的星 【英国】济慈 …… 039
树 【美国】菊叶斯·基尔默 …… 041
树 【中国】郑敏 …… 042
在路易斯安那州我看见一棵橡树
　　【美国】惠特曼 …… 044
我沿着初雪散步 【俄国】叶赛宁 …… 045
卷着雪粉的风 【俄国】叶赛宁 …… 047
人——树 【西班牙】希梅内斯 …… 049
疯狂的石榴树 【希腊】埃利蒂斯 …… 051

祖先的智慧

希腊智者如是说（5首）
　　【古希腊】梭伦 等 …… 053
印度诗人如是说（5首）
　　【印度】伐致呵利 …… 056
波斯哲人如是说（5首）
　　【波斯】哈亚姆 …… 058

001

有个天天向前走的孩子

出生前的祷告 【英国】麦克尼斯 ……… 061
儿子的诗 【智利】米斯特拉尔 ……… 063
为吾女祈祷 【爱尔兰】叶芝 ……… 065
有个天天向前走的孩子
　　【美国】惠特曼 ……… 069
在做学生的岁月里 【美国】惠蒂尔 ……… 072
一首生日诗(致雷切尔)
　　【英国】希蒙斯 ……… 074
人如果能一世沉醉 【英国】霍思曼 ……… 075

我是谁

世代如落叶 【古希腊】荷马 ……… 076
神与人 【巴基斯坦】伊克巴尔 ……… 077
虔诚的道路,你在哪里 【波斯】哈菲兹 ……… 079
我是谁 【意大利】帕拉采斯基 ……… 081
我算个什么 【俄国】柯里佐夫 ……… 083
我是无名之辈,你是谁
　　【美国】狄金森 ……… 085
寄往纽约的信 【美国】毕肖普 ……… 086

画像 【西班牙】马查多 ……… 088
小说家 【英国】奥登 ……… 090
寻李白 【中国】余光中 ……… 092
世上每个人都特别有意思
　　【苏联】叶夫图申科 ……… 095
天籁 【法国】福兰 ……… 097

人生礼赞

未选择的路 【美国】弗罗斯特 ……… 098
我的心,你不要忧悒 【德国】海涅 ……… 100
假如生活欺骗了你 【俄国】普希金 ……… 101
给生活以时间 【英国】斯特朗 ……… 102
玫瑰 【芬兰】瑟德格兰 ……… 103
假如你只剩下六分钱
　　【马耳他】安东·布蒂吉格 ……… 104
人几乎能够 【英国】太息蒙 ……… 105
活下去还是不活:这是个问题
　　【英国】莎士比亚 ……… 106
人生礼赞 【美国】朗费罗 ……… 108

我的父亲母亲

雨 【阿根廷】博尔赫斯……110
独自进餐 【美国】李立杨……111
布朗文 【英国】爱德华·托马斯……113
幸福的时刻 【瑞士】黑塞……114
窗旁 【捷克】塞弗尔特……116
祈求母亲 【意大利】帕佐里尼……117
出空 【爱尔兰】希尼……119

心愿之乡

祖国土 【苏联】阿赫玛托娃……125
俄罗斯 【俄国】勃洛克……126
列宁格勒 【苏联】曼德尔施塔姆……128
雪落在中国的土地上 【中国】艾青……130
春天,遂想起 【中国】余光中……134
爱琴海 【希腊】埃利蒂斯……136
岛 【意大利】夸西莫多……138
故乡吟 【德国】荷尔德林……140
黑人谈河流 【美国】休斯……142
面对非洲 【瑞士】黑塞……144
孤独 【德国】尼采……146
心愿之乡 【爱尔兰】叶芝……148

下编 我的灵魂没有一丝白发

当你猎取幸福的时候

一个故事 【波兰】米沃什……151
我啜饮过生活的芳醇 【美国】狄金森……153
幸福是一个轻薄的姑娘 【德国】海涅……154
生活之恶 【意大利】蒙塔莱……155
幸福 【瑞士】黑塞……157
幸福 【英国】奈特……158
我的蔷薇 【德国】尼采……160
醉歌 【德国】尼采……161
笑与颦 【英国】布莱克……162

泪洒落在我的心上

二月…… 【苏联】帕斯捷尔纳克……164
泪洒落在我的心上 【法国】魏尔伦……166
致忧郁 【瑞士】黑塞……168
雾中 【瑞士】黑塞……169
银河 【法国】普吕多姆……170
孤独 【英国】拜伦……172
孤寂 【奥地利】里尔克……174

忧 郁 【法国】波德莱尔·················176
在沙漠里 【美国】斯蒂芬·克兰······185
啊，多少回，柔美时光
　　　【葡萄牙】佩索阿···············186
冬日薄暮 【美国】默温··············188

我没有时间恨

我没有时间恨 【美国】狄金森·····189
我的要务 【法国】米修···············190
我讨厌庸俗的人群 【古罗马】贺拉斯····192
人 群 【法国】波德莱尔···············195
反 叛 【美国】庞德····················197
我没有爱过这世界 【英国】拜伦·······199
你不要挤，世界那么大 【英国】狄更斯···201
自由是一件衣服 【美国】桑德堡······202
在一颗小星下 【波兰】希姆博尔斯卡···204
一件美好的事物永远是一种欢乐
　　　【英国】济慈···················206
欢乐颂 【德国】席勒··················208

还是那颗头颅

帆 【俄国】莱蒙托夫··················210
钢的祈祷 【美国】桑德堡············211
鱼 【波兰】米沃什····················212
头 发 【苏联】梅热拉伊蒂斯·········213
被截短的橡树 【瑞士】黑塞··········214
致西里克·斯金纳 【英国】弥尔顿·····215
玫瑰与弥尔顿 【阿根廷】博尔赫斯····217
还是那颗心，还是那颗头颅
　　　【土耳其】希克梅特············218
天要下雪了 【法国】雅姆············219

我的灵魂没有一丝白发

礼 物 【英国】詹姆斯·汤姆逊········221
穿裤子的云 【苏联】马雅可夫斯基···222
我自己之歌 【美国】惠特曼·········252

我来到这个世界

上编

人间的诗意

HUMAN POETIC FLAVOUR

世界呀,我来了,我爱了,
直到我生命的终结;
请你也爱我吧,
爱一个因为爱你而伟大的人,
直到世界的尽头……

【俄国】巴尔蒙特
娄自良 译

我来到这个世界①

世界呀,我来了,在你生生不息的生命之环中,请悦纳这一个小小的我。我脆弱纤小,是你让我博大丰盈;我耳闭目塞,是你让我耳聪目明;我无知无觉,是你让我梦想联翩;我冷若冰霜,是你点燃我生命的火焰。世界呀,我来了,我爱了,直到我生命的终结;请你也爱我吧,爱一个因为爱你而伟大的人,直到世界的尽头。

巴尔蒙特(1867~1942),俄国象征派诗人。

我来到这个世界,为了看见太阳,
　　和苍茫无际的蓝天。
我来到这个世界,为了看见太阳,
　　和巍巍群山的峰巅。

我来到这个世界,为了看见太阳,
　　和峡谷的烂漫色彩。
我将那众多的星球尽收眼底,
　　我是至上的主宰。

我不再兴趣索然,冷若冰霜,
　　却激起新颖的幻想。
我时刻徜徉于新的意境,
　　永远歌唱。

是爱情的歌谣激起我的幻想,
　　人们因而喜爱我的诗章。
悠扬的旋律谁能媲美?

---

① 选自《外国文艺》1981年第4期,《俄国象征派诗文辑·巴尔蒙特诗四首》。

她是那么富有动人的力量。

我来到这个世界,为了看见太阳,
  如果白昼竟然消亡,
我还要歌唱……我还要歌唱太阳,
  在我生命弥留的时光!

【古埃及】《亡灵书》
锡金 译

太阳礼赞①

当每天太阳升起的时候,大地又一片光辉灿烂。从不失约的太阳啊,赐予世上的万物生机沛然。所有生命的第一次惊喜,是与你的视线初次相接;人类最初说出的语言,是对你的礼赞崇拜。古埃及人民代表全人类,最早用歌声和文字表达出对生命之源的太阳的崇敬。相对于你的慷慨恩赐,人类的回报尽管微小,但是虔诚;个人的生命尽管短暂有限,但是对生命辉煌的渴望却是巨大无边——"举我起来吧,你的儿子",这是每一个人在心底对太阳神的由衷祈祷。

《亡灵书》(前35世纪~前16世纪),古埃及内容庞杂的神秘诗集。现存文字多从法老金字塔中发掘出来,它们书写在莎草纸上,或者是直接书写在殉葬的替身俑身上,是给死者在冥间旅行的指南,指导亡灵如何逢凶化吉,获得再生。

> 你的黎明,啊太阳神,展开了新的地平线,
> 而每一个你造来让人生活的国土
> 都被你的爱所征服,当快乐的白昼
> 在欢喜的平安中,追随着你的脚步。
>
> 而当你沉落时,全世界都荒凉了;
> 屋舍,变成了那些死了的瞎子躺卧的坟墓;
> 只有狮子和蛇,经行于
> 失明的夜和漆黑的灶上。
>
> 东方重又黎明!大地醒了,
> 人们唱着歌,从他们的沉睡中跃起;
> 他们沐浴了他们的身体,穿好清洁的衣裳,

---

① 选自锡金译《亡灵书》,吉林人民出版社,1957年版。

在快活的敬拜中，高举着他们的双手。

家畜重新走过田野；
鸟儿在沼泽中飞翔，而举起翅膀
它们也敬拜着，而那羊群
快快活活地跑过一切欢乐的草原。

北方和南方，沿着那灿烂夺目的江河
船儿都升起了帆，在你面前登程前进；
而在那海洋里，一切深海的鱼
都游过来，喳喋于你的光中。

因为你是，活着的一切，人类的种子，
在母亲的胎里的儿子，他知道
你的仪容临近的安慰，你把
言语和不断生长的智慧，给了婴孩。

蛋里的小鸡，它的呼吸是属于你的，
它从壳里跑出来，叽叽地叫着它的欢快，
在它的颤摇的小腿上跳着舞
欢迎着旭日的光辉。

你的心创造了一切，这肥沃的大地，
它的人民，兽类，那些用脚走着的生物，
在空中飞着的生物，包括陆地和海洋，
你都在你的心中把他们全部创造了。

人类和他们种种的命运都属于你，
他们的各种语言，他们的各种颜色，
都属于你，还有在各民族之中的我们，
你造成各式各样，你"选择的主宰"。

瞧啊，我也在我的心中找到了你，
我，考·恩·阿克那登①，找到了你而且敬拜你。
啊，主，你的黎明是生，你的黄昏是死，
在这伟大的黎明时分，举我起来罢，你的儿子。

---

① 考·恩·阿克那登，古埃及的王，统治期在公元前1375~公元前1358年，宗教革命者。

【印度】《梨俱吠陀》
金克木 译

朝 霞①

　　朝霞是个"快活的女人",这个称呼多么亲昵、多么热乎。古印度人喜爱这"天的女儿",喜爱她"像闪耀着红光的牝马"、"像刚放出栏的一群奶牛"一样的跃动的生命力和繁殖力,让朝霞像天天的喜悦一样驾临吧,天天赐福这辽阔的大地,赐福我们的每一个日子。

　　《梨俱吠陀》(前2000~前1500),印度上古诗歌经典,是雅利安人从西北进入印度,到达印度河两岸定居后完成的一部伟大的诗歌总集,反映了原始社会时期印度人民的生活、哲学和习俗。

　　这个光华四射的快活的女人,
　　从她的姊妹那儿来到我们面前了。
　　天的女儿啊!

　　像闪耀着红光的牝马一般的朝霞,
　　遵循着自然的节令;
　　是奶牛的母亲,
　　是双马童(星)的友人。

　　你又是双马童(星)的朋友,
　　又是奶牛的母亲,
　　朝霞啊!你又是财富的主人。

　　你驱逐了仇敌,
　　欢乐的女人啊!
　　我们醒来了,用颂歌迎接你。

　　像刚放出栏的一群奶牛,

---

① 选自金克木译《印度古诗选》,湖南人民出版社,1984年版。

欢乐的光芒到了我们面前。
曙光弥漫着广阔的空间。

光辉远照的女人啊！你布满空间，
你用光明揭破了黑暗。
朝霞啊！照你的习惯赐福吧！

你用光芒遍覆天穹。
朝霞啊！你用明朗的光辉
照耀着广阔的太空。

【印度】《梨俱吠陀》
金克木 译

雨 云[1]

　　干裂的土地在求雨，焦渴的心灵在求雨，千万年来，地球上的生灵年年祈求风调雨顺。这是一首古人祈雨的颂歌。紧贴大地生存的人，认得云朵不是观赏之物，积雨云中有果实——那是滋润万物的"水的种子"。久旱逢甘雨，那是生活中至乐的事。在人们的期盼中，那赶走"旱魔"的雨云的威力巨大神奇——"鞭子打马"，那是闪电；"狮子吼声"，那是雷鸣；"骏马奔放"，那是想象中倾泻而出的酣畅天雨。

　　请用这些颂歌召唤那强大的雨云，
　　请赞颂他，以敬礼去求他。
　　公牛吼叫着，赏赐迅速；
　　他在草木蕴藏中将水种放下。

　　他摧毁树木，还摧毁罗刹（妖怪），
　　全世界都害怕他的强大兵器；
　　连无罪之人也见他威猛就逃跑，
　　这时雨云轰鸣着对恶人打击。

　　如同车夫用鞭子抽打马，
　　他也这样显示出雨水使者，
　　远远地兴起了狮子吼声，
　　这时雨云使大雨从天而下。

　　风向前吹；电向下落；
　　草木向上长；天空汹涌；
　　食物为全世界生出来，

---

[1] 选自金克木译《印度古诗选》，湖南人民出版社，1984年版。

这时雨云以水种扶助大地。

在他的支配下,大地低俯;
在他的支配下,有蹄之兽跳舞;
在他的支配下,草木茂盛;
雨云啊!请赐我们洪福。

摩录多(风)啊!请赐我们天雨;
请让骏马水流奔放;
请偕同这隆隆雷声向这边来;
我们的阿修罗(神圣)父亲使水下降。

【印度】《梨俱吠陀》
金克木 译

大 地①

　　这首献给大地的颂歌，简直是一首献给女性的情歌呢。那种"你呀"、"女人啊"的指称，那种对"你就这样承受了山峰的重压"的怜惜，饱含着多少爱意和敬意。对于大地繁衍生息的"伟力"，所有的民族都怀着又敬又爱的情意，并不约而同发出一种声音——大地，母亲！

　　真的，你就这样承受了
　　山峰的重压，大地啊！
　　有丰富水流的你啊！用大力
　　润泽了土地。伟大的你啊！

　　颂歌辉煌地鸣响着，
　　向你前去，宽广无限的女人啊！
　　像嘶鸣着的奔马，
　　你发出丰满的云，洁白的女人啊！

　　你还坚定地用威力
　　使草木紧系于土地；
　　同时从闪烁的云中，
　　由天上降下纷纷的雨滴。

---

① 选自金克木译《印度古诗选》，湖南人民出版社，1984年版。

【意大利】夸西莫多
吕同六 译

大 地①

夜色温柔,大地母亲敞开怀抱,包裹着万物静静安息。我的思绪在你的温情中起飞,我看见大海像个贪婪的婴儿,睡梦中也在吮吸你的芳香;我看见黎明的海滩,乡亲们正扬帆出航,离别的歌声随着船帆渐远渐消;这是我们赖以维生的大地,这是我们的家园。然而,我还看见荒芜的山梁和美丽的平原,正被牲畜和那些连牲畜都不如的人肆意践踏,就像践踏在我的心上;大地啊,你一味付出不求回报,默默忍受着人类的踩躏和轻狂,我为你的痛苦真要碎了心肠。

夸西莫多(1901~1968),意大利"隐逸派"诗人,1959年"以充满古典热情的抒情作品表现现代人生的悲剧"获诺贝尔文学奖。

夜晚,
谧静的阴影,
万物在你的摇篮里
安息。

驾乘轻柔的晓风,
我在你的怀抱中
翱翔。

迎着幽微的和风,
大海吮吸你的
芳香。

天边刚出现熹微的晨光,
亲人们走向海滩,

---

① 选自夸西莫多《水与土》,吕同六译,漓江出版社,2001年版。

肩背鱼篓，
挂起满帆，
离别之歌在海面荡漾。

荒夷的山冈
吐出嫩草的平原
听任牲畜纵横践踏。

啊，大地
你的苦痛
怎不叫我碎了心肠！

【法国】洛特雷阿蒙
车槿山 译

古老的海洋①

像大海的波浪一样的诗节，一波一波滚滚而来，大海永恒，诗意无限，诗人的情绪无止境地汹涌澎湃——大海，既是大自然的形象，又是人格化的形象。诗人用大海的美德——反衬出人类的丑行：海的庄严和谐与人的自以为美，海的容纳万千生灵与人的自吹自擂，海的深广与人心的深险，海的无言的强大与人的海战游戏，海的永恒活力与人的短暂生命……反差对比似乎可以绵延不断地进行下去，只要对大海有足够多的敬意或者对人类有足够多的鄙弃。然而，诗人自己仿佛也被大海击垮了："我不能爱你，我恨你。"毕竟，"我"也是一个人，你的优越和威严反衬出我的自卑和弱小。终生失意的诗人终于倦怠了，掉转头，重新面对人间——活在土地上的人自有在这片土地上的使命。诗中的意象丰富庞杂，而对人类的直接贬斥缺乏节制，不如这样的诗句讽刺得又机智又漂亮："古老的海洋，你哺育的各种各样的鱼独自生活，没有发誓要博爱。"

洛特雷阿蒙（1846~1870），法国极富创意的青春诗人，生前默默无闻，死后被奉为超现实主义文艺运动的"授精者"。诗集有《马尔多罗之歌》。马尔多罗在法语中与"黎明之恶""青春之苦"等含义相关联，在作品中是恶的化身，以前所未有的恶毒表达对上帝和人类的仇恨与诅咒，创造出全新的怪诞的诗歌。

古老的海洋，水晶的浪花，你仿佛是小水手背上扩大的蓝色伤疤；你是一片辽阔的青痕，印在大地的躯体上：我喜欢这个比喻。因此，初次看到你，一声忧郁的长叹，好似你那甜美微风的呢喃，掠过深深震动的心灵，留下不可磨灭的烙印：你让你那些情人在无意中回想起人类艰辛的起源，那时人类认识了痛苦，痛苦不再离开人类。我向你致敬，古老的海洋！

古老的海洋，你那使几何学威严的面孔变得柔美、和谐的球形总让我想起人

---

① 选自车槿山译《洛特雷阿蒙作品全集》，东方出版社，2001年版。

的小眼睛，和野猪眼睛一样小，和夜莺眼睛一样具有完美的环形轮廓。然而，从古至今，人都自以为美。我认为人仅仅是出于自尊才相信自己的美，其实他自己也知道并不美；否则，他为什么如此轻蔑地注视同类的面孔？我向你致敬，古老的海洋！

古老的海洋，你是同一的象征：总和自己相等。你不起本质的变化，尽管你的浪涛在某处愤怒激荡，在更远的另一区域你却处在最完全的平静。你和人不同，人会停下来看两只咬架的獒狗，却不会停下来看送葬的行列；早上还和颜悦色，晚上却情绪恶劣；今天笑，明天哭。我向你致敬，古老的海洋！

古老的海洋，你的胸怀里储藏着人类未来的利益，没有什么不可能。你已经给了人类鲸鱼。你不让自然科学的贪婪目光轻易地猜透你内部组织中的万千奥秘：你很谦虚。人类却为了一些琐事而自吹自擂。我向你致敬，古老的海洋！

古老的海洋，你哺育的各种各样的鱼独自生活，没有发誓要博爱。各类之间不同的性情和不同的形态为初看似乎异常的事物作出满意的解释。人类也是如此，辩解理由各不相同。三千万人占据一小块土地，生根似的固定在那儿，自以为不应该介入邻居的生活。不论老幼，每个人都像野人般生活在自己的洞穴中，极少出去看望和他一样蜷缩在另一个洞穴中的同类。人类的宇宙大家庭是一个与最平庸的逻辑相符的空想国。另外，从你那丰产乳房的景色中流出忘恩负义这个概念；因为，我们立刻会想到众多父母，背信于造物主，抛弃他们可怜的结合产生的果实。我向你致敬，古老的海洋！

古老的海洋，你物质的宏大只能和人们想象的、衡量你整体诞生所需的活力相比。人们不能一眼环抱你。为了凝视你，目光必须以连续的动作向地平线的四方转动它的望远镜，如同一个数学家，为了解开一道代数方程，被迫在切开难点之前分别研究各种可能的情况。人吞食养料，还作出其他带来更佳命运的努力，以便显得肥胖。那只可爱的青蛙，愿它称心如意地膨胀。放心吧，它不会像你一样大；至少，我假定如此。我向你致敬，古老的海洋！

古老的海洋，你的水是苦涩的，味道和批评界评论美术、科学及一切事物分泌的胆汁一模一样。如果一个人有点天才，那他就被当作白痴；如果另一个人形体健美，那他就是丑陋的驼背。当然，人应该强烈地感到自己的缺陷以便批评它，不过，四分之三的缺陷是自己造成的。我向你致敬，古老的海洋！

古老的海洋，人类尽管手段高超，采用了各种科学探察的方法，却仍没能测出你那深渊的令人昏眩的深度，最长最重的探针也无能为力。鱼类能办到，人类却不行。我经常自问，海洋的深度和人心的深度哪一个更容易认识。当月亮以一种不规则的方式在桅杆间晃动时，我经常立在船上，手抚额头，惊讶地发现自己撇开了所有并非我追求的目标，正在努力地解决这道难题。是的，两者中间哪个更深,哪个更不可捉摸:是海洋还是人心?如果三十年的生活经验能在某种程度上使天平向两个答案中的一个倾斜,我可以说,尽管海洋深不可测,它与人心在深度这一特性上较量却不是对手。我和一些德高望重的人打过交道,他们死于六十岁。每人都必然会大喊:"他们在人间行善,就是说施舍仁慈:就这点事,没什么了不起,谁都能干同样多。"谁明白为什么两个前一夜还如胶似漆的情人,只因误解了一句话便各奔东西?两人都裹着孤独的骄傲,都怀着怨恨、复仇、爱恋和内疚的棘刺,永不再相见。这是一个天天发生的奇迹,却依然让人惊奇。谁明白为什么人们不仅一般地品尝同类的不幸,还特别地品尝挚友的不幸,同时自己也苦恼?一个结束这串问题的无可置疑的例证:人类口是心非。所以,人类这些小猪崽才如此互相信任,毫不自私。心理学还应该取得很大进展。我向你致敬,古老的海洋!

古老的海洋,你如此强大,人类以自己的牺牲为代价才明白。他们徒劳地用上全部天赋的才能,却不能征服你。他们找到了自己的主宰。我是说他们找到了比自己更有力的东西,这个东西有个名字,这个名字就是海洋!你给他们造成巨大的恐惧,所以他们尊敬你。尽管如此,你却优美、典雅、轻易地旋转他们最重的机器。你让他们做体操翻腾飞上天空,做令人赞叹的鱼跃沉入你的深层领域:街头艺人大概要嫉妒。他们真幸运,你没有把他们一劳永逸地卷入你沸腾的波浪,否则,他们不沿铁路就可以去看你水中的内脏,看鱼儿身体怎样,尤其是看他们自己身体怎样。人说:"我比海洋更聪明。"这很可能,甚至相当正确,但海洋对他比他对海洋更可怕:这不必证明。这个年迈的观察家——我们这颗悬空星球最初年代的同龄人在观看国家间的海战时,因怜悯而微笑。那里有百来艘出自人类手中的巨舰。上司夸张的命令、伤员的呼喊、大炮的轰鸣,都是为了消磨几分钟的时间而特意造出的喧哗。悲剧似乎终场,海洋似乎把一切都吞入腹中。嘴巴令人惊叹,大概下面巨大,朝着未知的方向张开!为了奖励这出愚蠢甚至无聊的喜剧,空中飞来几只因疲倦而掉队的鹳,它们没有收拢展开的翅膀便高叫:"看!我觉得这张嘴太丑了!底下有一些黑点。我闭上眼睛,黑点不见了。"我向你致敬,古老的海洋!

古老的海洋,啊,伟大的单身汉,当你穿过你那冷漠王国的庄严孤独时,你理所当然地为你天赋的壮丽和我急切奉献给你的真诚颂词而骄傲。你那威严的缓慢是上天赐给你的最伟大的品性,它用柔软的气息情意绵绵地摇动你。你怀着永恒力量的平静情感,在阴沉的神秘中,在高贵的表面上,展开你无与伦比的波浪。它们被短暂地分隔,又平行相随。一个浪花刚刚变小,另一个浪花就变大迎上去,伴随着消散的泡沫发出的忧郁喧哗,以便告诉我们一切都是泡沫(所以,人类这些活浪花单调地一个接一个死去;但是,却没有留下泡沫四溅的喧哗)。候鸟放心地栖息在浪尖上,将自己托付给充满自豪的典雅运动,等到翼骨恢复了平时的活力,便继续空中的朝圣。我希望人的威严只是反映你的威严的化身。我有许多要求,而这个真诚的愿望对你来说是一个荣誉。你那道德的伟大是无限的写照,辽阔宽广如同哲人的反省,如同女人的爱情,如同诗人的沉思,如同鸟儿神圣的美。你比夜晚更美丽。回答我,海洋,你愿当我兄弟吗?激烈地动荡吧⋯⋯如果你想让我把你比作上帝的复仇,就更强些,更强些;伸出你青灰色的爪子,在自己的胸膛上开一条道路⋯⋯好极了。丑陋的海洋,展开你恐怖的波浪吧,只有我一人理解你,我倒在你面前,拜在你脚下。人的威严是假装的,他不使我敬服,但你却让我敬服。啊!当你前进时,浪峰高挺,威风凛凛,你被波涛环绕,仿佛被群臣簇拥,像气功师般充满磁力和狂暴,卷起一朵朵的浪花,清醒地意识到你是谁。你仿佛被一种我所不知的强烈悔恨压迫,从胸膛深处发出连绵的低沉呼啸,让人类感到如此恐惧,甚至在安全地凝视你的时候,他们也要在岸上发抖;这时,我看出我没有那种非凡的权力自称和你平等。所以,如果你没有让我痛苦地想起我的同类,面对你的优越,我就会献上全部的爱(谁也不知道我对美的向往中包含多少爱);你和我的同类形成天地万物中最嘲弄人的反差、最滑稽的对比:我不能爱你,我恨你。为什么我一千次地与你重修旧好,回到你半开的、友善的手臂中?你抚摸我发烫的额头,顷刻间热止烧退!我不了解你隐蔽的命运,你的一切都让我好奇。那么告诉我,你是不是黑暗王子的归宿。海洋,告诉我吧⋯⋯告诉我(只告诉我一人,免得那些仅仅体验过幻觉的人伤心),告诉我是不是魔鬼的气息制造了风暴,把你的咸水掀到云端。你必须告诉我,因为,如果我知道地狱离人近在咫尺,我会万分高兴。我希望这是我的乞求中的最后一个诗节。因此,我想最后一次向你致敬,和你告别。古老的海洋,水晶的浪花⋯⋯我的眼中充满泪水,我无力继续下去。因为,我感到返回面貌粗俗的人类中的时间到了;不过,勇敢些!让我们努力吧,以尽义务的情感完成我们在这片土地上的使命。我向你致敬,古老的海洋!

【俄国】普希金
戈宝权 译

致大海①

　　热爱人类的人必定热爱大自然,而怎样爱自然,又显出不同的审美力。常人享用自然,哲人崇拜自然,而诗人通常融入自然——视自然为生命之友、为心灵的象征,从而在自然界寻找自己的精神对应物,他们化身为自然。浪漫派的诗歌巨子,拜伦、雪莱、海涅、普希金几乎不约而同地对大海情有独钟。而普希金,是本民族文学中第一个"发现"大海的诗人,因为他,俄国这方大陆的歌喉第一次捕捉到大海的魅力。

　　普希金(1799~1837),在第二次被流放前,来向大海告别。他从黑海岸边的敖德萨,即将再次被流放到内地的荒原——其父亲的领地。诗人的感情是复杂的:"再见吧,自由的元素!这是你最后一次在我的眼前,滚动着蔚蓝色的波涛,和闪耀着骄傲的美色。"普希金想秘密逃往海外,大海是他的"心愿之乡",可是他只能望洋兴叹:"你等待着,你召唤着……而我却被束缚住;我的心灵在徒然挣扎:我被一种强烈的热情所魅惑,独自留在你的岸边。"诗人彷徨无依,他从大海身上看到了与自己相同的禀性:"我多么爱你的回音,爱你阴沉的声调,你悠远无尽的音响,还有黄昏时分的静寂,和那反复无常的激情!"

　　灵魂找到了它的伴侣,大海成为精神之源,诗人向大海汲取能量,大海则召唤诗人解脱枷锁,奔向自由。诗人缅怀刚刚逝去的两位巨人——拿破仑和拜伦——没有比在海边更适合做这件事了。他提到拜伦时说:"自由之神所悲泣的歌者消失了,他把自己的桂冠留给了世界。"谁来继承这自由歌者的桂冠?普希金心中显然已有答案。

　　把大海装在心里,无论走到哪里,生命中就不会缺少激情。只有精神博大的人才会爱上海洋,它的自由奔放的能量,它的荡涤万物的伟力,它的汹涌澎湃的激情,它的呼风唤雨的声音,它的孕育新生的神奇,无不与浪漫派诗人蓬勃的生命张力和改造世界的恢宏的理念一一呼应,他们不爱

---

① 选自诗刊社编《世界抒情诗选》,春风文艺出版社,1983年版。

上大海谁会爱上大海?大海不选择他们作嫡亲血子派往人间又该选择何人?大海,是浪漫派诗人的精神之父,是普希金的精神之父。

再见吧,自由的元素①!
这是你最后一次在我的眼前
滚动着蔚蓝色的波涛
和闪耀着骄傲的美色。

好像是朋友的忧郁的怨诉,
好像是他在别离时的呼唤,
我现在最后一次倾听
你悲哀的喧响,你召唤的喧响。

你是我心灵的愿望之所在呀!
我时常沿着你的岸边,
一个人静悄悄地、朦胧地徘徊,
还因为那个隐秘的愿望②而苦恼着!

我多么爱你的回音,
爱你阴沉的声调,你悠远无尽的音响,
还有那黄昏时分的静寂,
和那反复无常的激情!

渔夫们的谦卑的风帆,
靠了你的任性的保护,
在波涛之间勇敢地滑过,
但当你跳跃起来而无法控制时,
大群的船只就会被覆没。

我永不能舍弃
你这寂寞和静止的海岸,
我怀着欢乐之情来祝贺你,
和我的诗歌驰骋过
你波涛的峰顶。

---

① 指水。
② 指远离沙皇统治的俄国。

你等待着，你召唤着……而我却被束缚住；
我的心灵在徒然挣扎：
我被一种强烈的热情所魅惑，
独自留在你的岸边。

有什么好怜惜？现在哪儿
才是我毫无牵挂的路程？
而在你的荒漠中只有一样东西
会震惊我的心灵。

这是一个峭岩①，一个光荣的坟墓……
沉溺在那儿寒冷的睡梦里的，
是那些威严的回忆：
拿破仑就在那儿消逝。

在那儿，他长卧在苦难中。
而紧跟在他之后，正像风暴的喧腾一样，
另一个天才，我们思想上的另一个王者②，
也从我们中间飞逝而去。

自由之神所悲泣着的这位歌者消失了，
他把自己的桂冠留给了世界。
喧腾起来吧，激荡起阴恶的天气吧，
哦，大海，他曾经是你的歌者。

你的形象反映在他的身上，
他是用你的精神塑成，
他像你一样的威严、深邃和阴沉，
他像你一样，什么都不能使他驯服。

世界空虚了……
海洋，你现在要把我带到哪儿？
人们的命运到处都是一样：
有着幸福的地方，早已有人看守，

---

① 峭岩，指大西洋上的圣赫勒拿岛，拿破仑曾囚于此，1821年在此岛逝世。
② 指英国诗人拜伦。他1824年在地中海佩特雷湾的希腊海港美索朗吉昂逝世。

或许是开明的贤者,或许是暴君。

  哦,再见吧,大海!
我永远不会忘记你庄严的美色,
我将长久地,长久地
倾听你黄昏时分的轰响。

  我的心灵充满了你,
我要把你的峭岩,你的港湾,
你的闪光,你的阴影,和波涛的喧响,
带进森林,带进静寂的荒原①。

1824年

---

① 指远离大海的内地。此时普希金被放逐于黑海岸边的敖德萨,即将被押往其父的领地。

【古埃及】《亡灵书》
飞白 译

宛若莲花①

  生命可以如此简洁而美丽,像一枝清清爽爽的莲花,被大地孕育,被太阳(拉神)催发。上面,是无遮无拦的天空;下面,是种子累累的黑暗;周围,是回声四起的田园。我,光彩照人地发芽、开花。

  我是纯洁的莲花,
  拉神的气息养我,
  辉煌地发芽。

  我从黑暗的地下
  升入阳光世界,
  在田野开花。

---

① 选自飞白主编《世界诗库》,花城出版社,1994年版。

【英国】华兹华斯

王佐良 译

写于早春①

野蛮人说：大自然是我的财富。文明人说：大自然是我的朋友。华兹华斯说："在大自然和感觉的语言里，我找到了最纯洁的思想的支撑，心灵的保姆，引导，保护者，我整个道德生命的灵魂。"这样纤细的灵魂多么动人："我深信每朵花不论大小，都能享受它呼吸的空气。"大自然是如此和谐快乐，奇怪的是，人类仿佛自绝于大自然，相互仇视与残害。拿自然法则与人类法则对照，"难道我没有理由悲叹，人怎样对待着人！"诗人通知你，自然是有灵性的："我看最低微的鲜花都有思想，但深藏在眼泪达不到的地方。"（引自《不朽的兆象》）

华兹华斯（1770~1850），英国"湖畔诗人"，开启了英国浪漫主义诗歌运动。崇拜自然，认为诗歌是"一切知识的开始和终结，同人心一样不朽"，而诗人则是"人性的最坚强的保卫者，他所到之处都播下人的情谊和爱"。

我躺卧在树林之中，
　　听着融谐的千万声音，
闲适的情绪，愉快的思想，
　　却带来了忧心忡忡。

大自然把她的美好事物
　　通过我联系人的灵魂，
而我痛心万分，想起了
　　人怎样对待着人。

那边绿荫中的樱草花丛，
　　有长春花在把花圈编织，

---

① 选自王佐良主编《英国诗选》，上海译文出版社，1988年版。

我深信每朵花不论大小,
　　都能享受它呼吸的空气。

四围的鸟儿跳了又耍,
　　我不知道它们想些什么,
但它们每个细微的动作,
　　似乎都激起心头的欢乐。

萌芽的嫩枝张臂如扇,
　　捕捉那阵阵的清风,
使我没法不深切地感到,
　　它们也自有欢欣。

如果上天叫我这样相信,
　　如果这是大自然的用心,
难道我没有理由悲叹
　　人怎样对待着人?

【俄国】吉米廖夫

黎华 译

童 年①

　　每个人都有过童年,每个人在童年都毫无例外地喜欢花草虫鱼,毫无芥蒂地亲近自然;为什么长大成人后,我们就把大自然抛在了一边,以各种各样的借口,忙忙碌碌地在人世间周旋,辛辛苦苦地为点蝇头小利拼拼杀杀?难道真是"与天斗,其乐无穷;与地斗,其乐无穷;与人斗,其乐无穷"?那一颗与自然的灵性相默契的赤子之心,我们遗落在哪里了?我们僵化的理性是否还能接受这样纯真的思想——"比之青草碧绿的汁液,人的鲜血并不更崇高圣洁"?

　　古米廖夫(1886~1921),俄国阿克梅派诗人,与另一位诗人阿赫玛托娃有过八年的婚姻生活。1921年以"反革命阴谋罪"被处决,1988年平反。

　　　我孩提时喜欢辽阔无边,
　　　散发着蜂蜜般馨香的草原,
　　　还有小树林,干枯的野草、白茅
　　　和乱草间影影绰绰的牛角。

　　　道旁每一簇落满尘土的灌木丛
　　　都在向我呼唤:"我要和你闹着玩,
　　　围着我小心地走一圈,
　　　你就会明白,我是个怎样的顽童!"

　　　只有发狂似的秋风
　　　喧嚣而过,才终止了我们的游戏——
　　　我的心儿跳得愈加幸福欢畅,
　　　我确信我将快乐而死。

---

① 选自王守仁等译《安魂曲——苏联探索诗选》,花城出版社,1992年版。

不是孤独一人——是同我的朋友们,
同款冬,同牛蒡、香蒿。
我瞩望遥远的天穹,
恍然醒悟了生命的全豹。

我因此而喜爱臆想
用暴风雨般的战斗取乐解闷,
比之青草碧绿的汁液,
人的鲜血并不更崇高圣洁。

【英国】雪莱
江枫 译

西风颂①

在17世纪末，一批诗歌巨子诞生在欧洲，此后的三四十年间——18世纪初，他们以前所未有的激情张扬生命和个性，他们在不同的国度用不同的民族语言宣示着人类共同的心声——反抗暴政和伪善，鞭挞奴性、庸俗和愚蠢，嘲笑一切禁锢诗歌和心灵的陈规陋俗，他们是赤手空拳的文人，仅凭着热爱自由和公正的天性，凭着对爱、美、力的狂热求索，凭着一腔年轻的热血，凭着无遮无拦的有韵的诗行，或作狮子吼，或作天使音，或作人间语，他们的声音响彻大地，预告了一个新时代的到来，活生生开辟出文学史上一个辉煌的时代——浪漫主义文学时代，一个诗歌和诗人的时代。

那些星斗一样的名字——拜伦、雪莱、济慈、荷尔德林、海涅、普希金……曾经标示出人类精神的崭新高度，而他们的生命，也像短暂而耀眼的彗星一样擦亮了一个黑暗世纪的天宇。他们的诗情都是热烈、真诚和高尚的，虽然他们的个性大异其趣。他们的诗风各具亮色，然而他们的命运却何其相似。拜伦（1788~1824）36岁；雪莱（1792~1822）30岁；济慈（1795~1821）26岁；普希金（1799~1837）38岁；荷尔德林（1770~1843）73岁，但32岁就疯了；海涅（1797~1856）59岁，40岁开始身体麻痹，50岁瘫痪在床，最后的8年是在"被褥的坟墓"中度过的——他们几乎都是在生命之花最璀璨的时候飘然萎地。天妒奇才，屡次验证了命运的残酷。

18岁的牛津大学学生雪莱，似乎天生怀有对暴政、伪善和愚蠢的反感。他写《无神论的必然性》的小册子，寄给各地的主教，被大学开除。

---

① 选自江枫译《雪莱诗选》，湖南人民出版社，1980年版。"这首诗构思在佛罗伦萨附近阿诺河畔的一片树林里，主要部分也在那里写成。那一天，孕育着一场暴风雨的暖和而又令人振奋的大风集合着常常倾泻下滂沱秋雨的云霭。不出我的预料，雨从日落干起，狂风暴雨里夹带着冰雹，并且伴有阿尔卑斯山南地区所特有的气势宏伟的电闪雷鸣。第三节结尾处所提到的那种现象，博物学家是十分熟悉的。海洋、河流和湖泊底部的水生植物，和陆地的植物一样，对季节的变化有相同的反应，因而也受这种变换的风的影响。"——雪莱原注。

他又跑去爱尔兰散传单、做演说，试图鼓动天主教进行解放运动。他自称有一种"改造世界的强烈爱好"，这种爱好可以追溯到他中学时代在精神上的一次壮丽日出。读罢葛德文的《政治正义论》，伊顿公学少年学生雪莱热泪滚滚，握拳发誓："我发誓，必将尽我一切可能，做到理智、公正、自由。我发誓，决不与自私自利、有权有势之辈同流合污，甚至也决不以沉默来与他们变相地同流合污。我发誓，要把我的一生献给美……"当法庭以"思想邪恶、行为极不道德"为由剥夺他对子女的监护权，把他逐出"文明社会"后，雪莱离开英国，再也没有活着回来。这个面容像女性般秀气的青年于是成了"恶魔派"诗歌的开山祖。

雪莱喜欢在野外和海上写作，自称"曾经凝视过大自然赤裸的美"，他视宇宙为家，他的博爱万物的精神使他拥抱一切，像变色龙和含羞草一样灵敏而易感，但并未流于肤浅的感伤，他总是清新的、蓬勃的。他化身万物："我是大地和水的女儿，也是天空的养子，我往来于海洋、陆地的一切孔隙——我变化，但是不死。"（《云》，江枫译，下同）他渴望做一只云雀，那"欢快的精灵"，把"欢欣、和谐与炽热的激情"洒满人间："从地面你一跃而上，像一片烈火的轻云，掠过蔚蓝的天心，永远歌唱着飞翔，飞翔着歌唱。"（《致云雀》）

深秋，西风黑色的翅膀掠过大地，万木凋零，海水变色，世界将进入一个死寂之境。有谁愿意做这报丧的西风呢？只有雪莱吧！雪莱觉得被"岁月的重负压制着的"自己像西风一样"骄傲、不驯，而且敏捷"，诗人祈求"但愿你勇猛的精灵竟是我的魂魄，我能成为剽悍的你"！雪莱神往西风的摧枯拉朽的神威，他有同样的要把旧世界砸个稀巴烂的雄心，他从西风的咆哮中听见了遥远的新生的世界的号角——这样的西风，就成了"预言的号角"："如果冬天来了，春天还会远吗？"

一

哦，狂野的西风，秋之实体的气息！
由于你无形无影的出现，万木萧疏，
似鬼魅逃避驱魔巫师，蔫黄，魆黑，

苍白，潮红，疫疠摧残的落叶无数，
四散飘舞；哦，你又把有翅的种子
凌空运送到他们黑暗的越冬床圃；

仿佛是一具具僵卧在坟墓里的尸体，

他们将分别蛰伏,冷落而又凄凉,
直到阳春你蔚蓝的姐妹向梦中的大地

吹响她嘹亮的号角(如同牧放群羊,
驱送香甜的花蕾到空气中觅食就饮)
给高山平原注满生命的色彩和芬芳。

不羁的精灵,你啊,你到处运行;
你破坏,你也保存,听,哦,听!

二

在你的川流上,在骚动的高空,
纷乱的乌云,那雨和电的天使,
正像大地凋零枯败的落叶无穷,

挣脱天空和海洋交错缠接的柯枝,
漂流奔泻;在你清虚的波涛表面,
似酒神女祭司头上扬起的蓬勃青丝,

从那茫茫地平线阴暗的边缘
直到苍穹的绝顶,到处散布着
迫近的暴风雨飘摇翻腾的发卷。

你啊,垂死残年的挽歌,四合的夜幕
在你聚集的全部水汽威力的支撑下,
将构成他那庞大墓穴的拱形顶部。

从你那雄浑磅礴的氛围,将迸发
黑色的雨、火、冰雹;哦,听啊!

三

你,哦,是你把蓝色的地中海
从梦中唤醒,他在一整个夏天
都酣睡在贝伊湾一座浮石岛外[①],

---

① 贝伊湾,意大利那不勒斯附近的一处海湾。

被澄澈的流水喧哗声催送入眠,
梦见了古代的楼台、塔堡和宫闱,
在强烈汹涌的波光里不住地抖颤,

全都长满了蔚蓝色苔藓和花卉,
馨香馥郁,如醉的知觉难以描摹,
哦,为了给你让路,大西洋水

豁然开裂,而在浩淼波澜深处,
海底的花藻和枝叶无汁的丛林,
哦,由于把你的呼啸声辨认出,

一时都惨然变色,胆怵心惊,
战栗着自行凋落;听,哦,听!

四

我若是一朵轻捷的浮云能和你同飞,
我若是一片落叶,你所能提携,
我若是一头波浪能喘息于你的神威,

分享你雄强的脉搏,自由不羁,
仅次于,哦,仅次于不可控制的你;
我若能像在少年时,作为伴侣,

随你同游天际,因为在那时节,
似乎超越你天界的神速也不为奇迹;
我也就不至于像现在这样急切,

向你苦苦祈求。哦,快把我扬起,
就像你扬起波浪、浮云、落叶!
我倾覆于人生的荆棘!我在流血!

岁月的重负压制着的这一个①太像你,
像你一样,骄傲,不驯,而且敏捷。

---

① "这一个",诗人自指。

五

像你以森林演奏,请也以我为琴,
哪怕我的叶片也像森林的一样凋谢!
你那非凡和谐的慷慨激越之情,

定能从森林和我同奏出深沉的秋乐,
悲怆却又甘洌。但愿你勇猛的精灵
竟是我的魂魄,我能成为剽悍的你!

请把我枯萎的思绪播送宇宙,
就像你驱遣落叶催促新的生命,
请凭借我这韵文写就的符咒,

就像从未灭的余烬扬出炉灰和火星,
把我的话语传遍天地间万户千家,
通过我的嘴唇,向沉睡未醒的人境,

让预言的号角奏鸣!哦,风啊,
如果冬天来了,春天还会远吗?

【英国】狄兰·托马斯
巫宁坤 译

催动花朵的力①

人与大地，息息相通，亲密无间。一种内在的力把人与自然维系在一起，荣枯与共，生死相依。每一阵微风吹过，并非与你无关；每一棵树被砍伐，你不知道断了哪一条胳膊；每一条水流的干涸，你不知道堵塞了哪一条血管；每一朵鲜花的开放，你不知道是哪一个舌头开始发声；每一片草地被水泥覆盖，你不知道哪一块肌肉会生痛发酸。睁开你麻木迟钝的双眼，看清楚，你皮肤外面的事物，就是你身体的延展；你的想象力触摸到的世界，就是你灵魂的疆界。

狄兰·托马斯（1914~1953），英国诗人，诗歌意象新颖，充满生命激情，容易引发读者共鸣。

通过绿色的茎管催动花朵的力
也催动我绿色的年华，使树根枯死的力
也是我的毁灭者。
我也无言可告佝偻的玫瑰
我的青春也为同样的寒冬热病所压弯。

催动着水穿透岩石的力
也催动我红色的血液，使喧哗的水流干涸的力
也使我的血流凝结。
我也无言可告我的血管
在高山的水泉也是同一张嘴在喝吸。

搅动池塘里的水的那只手
也搅动流沙，拉着风前进的手

---

① 选自王佐良主编《英国诗选》，上海译文出版社，1988年版。

也拖曳着我的衾布船帆。
我也无言可告那绞死的人
绞刑吏的石灰是用我的泥土制成

时间的嘴唇像水蛭紧贴泉源；
爱情滴下又积聚，但是流下的血
一定会抚慰她的伤痛。
我也无言可告一个天气的风
时间已经在群星的周围记下一个天堂。

我也无言可告情人的坟墓
我的衾枕上也爬动着同样的蛆虫。

附诗二首：

【英国】布莱克
宗白华 译

天真的预示

一颗沙里看出一个世界，
一朵野花里一座天堂，
把无限放在你的手掌上，
永恒在一刹那里收藏。

【智利】聂鲁达
陈实 译

统 一

所有的叶是这一片，
所有的花是这一朵，
繁多是个谎言。
因为一切果实并无差异，
所有的树木无非一棵，
整片大地是一朵花。

【希腊】埃利蒂斯
蔡其矫 译

喝饮科林斯的太阳

让我们大口大口地畅饮阳光！我来到这个世界，并不只是为了"看看太阳"，我们要喝饮太阳，痛痛快快活一场。我们要活在生活的里面，生活中没有旁观者。我们要自动参与到大千世界的演化行列，做一个创造者。我们大踏步走过昔日辉煌过的废墟，走向薪新的葡萄园。我们采果、捕鱼，赞美心想事成的欢乐世界。我们迎风举起枝繁叶茂的双手，解放大地的美和梦想。这样，当我安然离去的时候，在我的身后，是按我的愿望创造出来的美丽的新世界。

埃利蒂斯（1911~1996），希腊诗人，以"爱琴海歌手""饮日诗人"名世。诗意大气磅礴，"为光明和清澈发言"。1979年以"划时代的现实主义与祖传的神话之间的激动人心的遇合"而获诺贝尔文学奖。

喝饮科林斯的太阳
阅读大理石的废墟
大踏步走过葡萄园的海洋
用我的鱼叉对准
那躲闪我的诚心祈求的鱼
我找到那些遗失的记忆中的太阳赞美诗
那是以欢乐
敞开愿望的生动国土

我喝水，采撷果实
插入我的手穿过风的叶簇
柠檬树苏醒夏日的花粉
青鸟飞过我的梦中

我离去，我的眼睛装满
那从一开始就依照心灵的尺度
再次变得美丽的世界的无穷凝视

【智利】米斯特拉尔
赵振江 译

对星星的许诺①

　　人好像从来都是不自信的，凡是有什么重大的心愿，总是要信誓旦旦一番，让别人放心，让自己安心。爱情有海誓山盟，加入某个国籍有宣誓效忠，加入某个党派和组织要宣誓，加入童子军也要宣誓，还有，进入某些行业和公司当职员也得宣誓。信誓越多，大约正是人的诚信越不可靠了吧？然而，夜深人静，万籁俱寂时分，独自一人，面对遥远的明星所私许的诺言，却不可小视，这种没有任何外力压迫的誓言，纯粹出自内心的渴望，是一种强烈的自我约束，并请天地星辰为证。这正是一个人铸造自己的人格的关键时刻，在一生中，这样的时刻并不多见。那个在年少时期的某个深夜里，向星星宣誓的孩子多么可爱——"只要你们看我，我会永远纯净。"多少年后，依然群星在天，那个誓言一生净化自我的孩子还在吗？

　　米斯特拉尔（1889~1957），智利女诗人，深情的哀伤和纯净的童心交融一体，1945年"因为她的富于强烈感情的诗歌，使她的名字成为整个拉丁美洲的象征"而获诺贝尔文学奖。

星星睁着眼睛，
夜幕像鹅绒；
在高空
你们看我可纯净？

星星的眼睛像灯笼，
闪烁在宁静的夜空。
在天庭
你们看我可温情？

---

① 选自米斯特拉尔《柔情》，赵振江、陈孟译，漓江出版社，1986年版。

星星的眼睛
眨动不停。
你们为什么
又蓝,又紫,又红?

星星的瞳孔
新奇、透明,
为什么朝霞能用她的玫瑰色
涂掉你们的身影?

泪珠,还是露珠,
弄湿了星星的眼睛,
你们在天空抖动,
是不是因为寒冷?

我盯着星星的眼睛,
向你们保证:
只要你们看我,
我会永远纯净。

【英国】罗素·葛林
郭沫若 译

默 想①

遥远的星空总是以其神秘、深邃、崇高使人敬畏,让人感觉卑贱、渺小、脆弱、无能,然而人的自我意识一旦觉醒,就足够支撑起人性的全部尊严。我并不逊色于世间万物,我敢于正视那灿烂庄严的星光——我是一个有血有肉的人,我有感觉、有思想,我活着、爱着、痛苦着、希望着,我有一整个人生掌握在自己手中。而你们,似乎永恒地闪光,却没有生命,不能梦,不能变,只有冰冷的无限,以及故弄玄虚的无声的矜庄。我怎能在你们面前低头?无数的星星呀,你们尽管在天上凉快着吧,我,也是人间大地一颗活的星辰。

我看到星星在夏夜的天空中闪光,
就和从遥远的世界有光射照着它们
的时候那样,它们依然在闪光。

我不能让我尊严的人性低头,
在那冰冷的无限面前跪叩,
我既年轻而有爱情,求知欲旺盛——
它们——只是在大气潮汐上的破片浮沉,
我有希望、苦闷、大愿,精神有如火焚,
而它们是无动于衷的毫无生命。

它们并不比我有更高的全能力量,
它们不能见,不能梦,不能变,不能死亡。
我不能在无量数的星星面前低头,
那无声的矜庄并不能使我投降。

---

① 选自郭沫若《英诗译稿》,上海译文出版社,1981年版。

【英国】济慈
查良铮 译

灿烂的星①

人生,是做一颗灿烂的星光耀大地,还是做一个深情的爱人,卿卿我我地活着和死去?爱情,是像星光一样孤独闪光,像隐士一样耐心等待,像牧师一样永远祈祷,以期达到一种圣水、白雪般的高洁境界,还是落实到充满情欲的人间,落实到爱人的酥胸,落实到匹夫的真实情爱,即便人生有限,只要情意无穷?冰清玉洁的诗人济慈,到底选择了人间烟火。

济慈(1795~1821),英国诗人,出身平民,学过医,却把一生献给艺术,26岁因肺病去世。他把诗歌看成自然生长的植物:"如果诗不是像叶子长到树上那样自然地来临,那就干脆别来了。"他认为诗人要有一种深入万物、化入万物的"反面接受力","能够停留在不肯定、神秘感、怀疑之中,而不是令人生厌地追求事实和道理"。比如:"如果一只麻雀来到我的窗前,我就参与它的存在,同它一起啄着地上的砂石。"济慈去世后,雪莱写下长篇挽歌《阿多尼》悼念济慈,把他比作希腊神话中的美丽而不幸的少年阿多尼,称他是"上帝所造就的最高贵的英华之一"。

　　灿烂的星!我祈求像你那样坚定——
　　　　但我不愿意高悬夜空,独自
　　辉映,并且永恒地睁着眼睛,
　　　　像自然间耐心的、不眠的隐士,
　　不断望着海涛,那大地的神甫,
　　　　用圣水冲洗人所卜居的岸沿,
　　或者注视飘飞的白雪,像面幕,
　　　　灿烂、轻盈、覆盖着洼地和高山——
　　啊,不——我只愿坚定不移地

---

① 选自查良铮译《济慈诗选》,人民文学出版社,1958年版。这是济慈的最后一首诗,是写给他的恋人范妮·勃朗的,作于自英国赴意大利的海船上。

以头枕在爱人酥软的胸脯上,
永远感到它舒缓地降落、升起;
　而醒来,心里充满甜蜜的激荡,
不断、不断听着她细腻的呼吸,
　就这样活着——或昏迷地死去。

【美国】菊叶斯·基尔默
郭沫若 译

树①

  诗人面对一棵树感到自卑,是否有点匪夷所思?可诗人说得有板有眼,不容你嗤之以鼻。树是大自然的杰作,根须入地,枝叶朝天,可以容鸟巢,可以伴雪眠。树,就像大地的呼吸一样自然。可是人们哼哼唧唧胡诌出来的诗篇,哪能像一棵树那么天然可爱?对于造化之功的礼赞,难免不伴随着对人工稚拙的遗憾。而巧夺天工、参透天机,正是诗人暗藏的心愿。

  菊叶斯·基尔默(1886~1918),美国诗人。

我想,永不会看到一首诗,
可爱得如同一株树。

一株树,他的饥渴的嘴
吮吸着大地的甘乳。

一株树,他整日望着天
高擎着叶臂,祈祷无语。

一株树,夏天在他的发间
会有知更鸟砌巢居住。

一株树,白雪躺在他胸上,
他和雨是亲密的伴侣。

诗是我辈愚人所吟,
树只有上帝才能赋。

---

① 选自郭沫若《英诗译稿》,上海译文出版社,1981年版。

【中国】郑敏

树①

20世纪的中国白话诗人,难得有闲情逸致。诗人们总想用薄薄的诗笺,托起灾难深重的祖国。女诗人郑敏对"树"的联想,是如此新奇骇人的形象:树像是"失去民族自由的人民",树的声音是"封锁在血里的声音",等到万木萌发的春天,"它的每一只强壮的手臂里,埋藏着千百个啼扰的婴儿"。诗人有怎样一副观世音的耳朵,听出这样惊心动魄的世间"真正的声音"?这样受苦受难的树,却在深广的宁静中屹立着,祈祷,沉思,"仿佛生长在永恒宁静的土地上",而大地上,却到处弥漫着战火硝烟。诗人在树的形象中提炼出别样的人生美学——以痛苦、忍受作为抗争的方式,以坚韧的柔弱战胜易脆的刚强。

郑敏(1920年生),中国"九叶诗派"女诗人。

我从来没有真正听见声音,
像我听见树的声音,
当它悲伤,当它忧郁,
当它鼓舞,当它多情
时的一切声音。
即使在黑暗的冬夜里,
你走过它,也应当像
走过一个失去民族自由的人民,
你听不见那封锁在血里的声音吗?
当春天来到时,
它的每一只强壮的手臂里
埋藏着千百个啼扰的婴儿。

---

① 选自《九叶集》,江苏人民出版社,1981年版。

我从来没有真正感觉过宁静,
像我从树的姿态里
所感受到的那样深。
无论自哪一个思想里醒来,
我的眼睛遇见它
屹立在那同一的姿态里。
在它的手臂间星斗转移,
在它的注视下溪水慢慢流去,
在它的胸怀里小鸟来去,
而它永远那样祈祷,沉思,
仿佛生长在永恒宁静的土地上。

写于1942年至1947年之间

【美国】惠特曼
徐迟 译

在路易斯安那州我看见一棵橡树

一株孤独的橡树,生长在旷野,惯于移情感应的诗人惠特曼立即发现它同自己相似:"外表粗犷、不屈、强壮。"再仔细看看,诗人不得不谦虚了:"一生发出欢乐的枝叶,却没有一个朋友一个爱人在近旁,我很知道这我不能。"人毕竟是群居动物啊,谁能孤独地隐藏一生,并欢乐一生呢?至于所谓"男子气概的爱",有人解释为"同性之爱",我们不妨理解为——忍受爱的孤独,也是一种男子汉气概。

惠特曼(1819~1892),美国诗人。

在路易斯安那州我看见一棵橡树生长,
它完全孤独地站着,苔藓从枝头挂下来,
没有任何同伴,它在那里生长,发出暗绿色的欢乐的枝叶,
而它的外表粗犷、不屈、强壮,使我想起我自己,
可是我奇怪,孤独地站在那里,没有朋友在近旁
　的它,怎么能发出欢乐的枝叶,因为我知道这我不能。
我折下它带有叶子的一枝来,还在上面缠绕些苔藓,
我把它带走了,把它放在我眼前,把它放在我房中,
我不需用它来提醒我自己亲爱的朋友。
　(因为我相信最近我想念他们可不少。)
然而它对于我是一个奇异的象征,它使我想起男子气概的爱;
尽管如此,尽管这棵橡树在路易斯安那
　那儿辉耀,孤独地站在一个空旷平坦的地方,
一生发出欢乐的枝叶,却没有一个朋友一个爱人在近旁,
我很知道这我不能。

【俄国】叶赛宁
刘湛秋 茹香雪 译

我沿着初雪散步①

当我心花怒放的时候,这世界多么美好。(反过来也一样,世界是多么美好,让我心花怒放。)星星是蓝色小蜡烛,梦幻一般美丽;密林中的风像公鸡在啼,雪地上像落满了天鹅,大地是洁白的镜面,童话一般奇妙;微微的寒意反而刺激了我的激情,我的心可以装下这全部的雪野,我的身体却渴望融化变形为原野上的一棵树。我想用炽热的身体,温暖白桦赤裸的胸脯;我想在柳树的枝杈上,嫁接上我的双手——我就与这雪野融为一体了,我也成了这世界的美好的一部分。

叶赛宁(1895~1925),俄国诗人,出身农民,热爱田园,与美国舞蹈家邓肯有过三年婚姻生活,1925年与列夫·托尔斯泰的孙女索菲娅结婚,同年自杀身亡。高尔基称他是"大自然专门为了诗歌,为了表达无穷无尽的'田野的哀愁',为了表达对世上一切生命的爱和恻隐之心而创造出来的一个器官"。

我沿着初雪漫步,
心中的力量勃起像怒放的铃兰,
在我的道路上空,夜晚
把蓝色小蜡烛般的星星点燃。

我不知道那是光明还是黑暗?
密林中是风在唱还是公鸡在啼?
也许田野上并不是冬天,
而是许多天鹅落在了草地。

啊,白色的镜面的大地,你多美!
微微的寒意使我血液沸腾!

---

① 选自刘湛秋、茹香雪译《叶赛宁抒情诗选》,上海译文出版社,1982年版。

多么想让我那炽热的身体，
去紧贴白桦袒露的胸脯。

啊，森林的郁郁葱葱的浑浊！
啊，白雪覆盖的原野的惬意！
多想在柳树的枝杈上，
也嫁接上我的两只手臂。

1917年

【俄国】叶赛宁
刘湛秋 茹香雪 译

卷着雪粉的风①

当忧伤袭来的时候,风雪满天,封冻了我那幸福的少年时光,就像冻僵一朵野花。这可爱的世界呀,值得人活,也值得人死。假如我死了,牧人的笛声将为我吹奏安魂曲,夜色中孤魂一样飘荡的雪花,将把风铃草撒在我的耳朵上。从此,痛苦的喧嚣离我而去,我的耳中只有风吹雪舞的颤音,像镜子一样清晰、清新。到那时,我将化身为一棵树,单腿伫立在大路旁;我要轻轻跃过马的梦境,去拥抱临近的树丛,我还要……啊!老天!快用你月光的爪子,像提桶水,把我的忧郁提上天穹——我实在是难过!我受不了了……

风啊,风啊,卷着雪粉的风,
请记下我过去的生涯。
我愿做个幸福的少年,
或者是草场上的小花。

我愿在牧人的笛声中,
为自己和所有人去死亡,
夜雪卷起星星般的风铃阜,
轻轻地撒到耳朵上。

在暴风雪中风淹没了痛苦,
那没有雾的颤音多么美,
我愿像棵树那样伫立,
在大路旁支着一条腿。

我愿在马的鼾声中,

---

① 选自刘湛秋、茹香雪译《叶赛宁抒情诗选》,上海译文出版社,1982年版。

拥抱临近的树丛,
啊,你月光的爪子,像提桶水
快把我的忧郁提上天穹。

1919年

【西班牙】希梅内斯
赵振江 译

人——树①

这是一件平常的事，就发生在昨天傍晚，在我回家的路上。我的肩上飘落云霞，手中怀抱着玫瑰花。那时候真安静啊，我就在小树林里待了一会儿，站得像一棵树一样规矩。树木们在聊天，就像茶余饭后，邻居们在闲谈。我安静地倾听着，彼此非常亲切。天色晚了，我要离去，可是只要我一走动，就将变回了人；就像树木缄口不言，变回树木本身——我们彼此都将很不适应，因此我不敢轻举妄动。树木不记得，我原本是个无根的流浪汉，就像他们忘记了自己本是无脚的树。星光满天的时候，我到底还是离开了。树木眼睁睁望着我，明白了是怎么回事。我为离开他们而难过，但我不会背叛他们。我不知该怎样向他们解释，在那个奇妙的时刻，我只是偶尔像倩女离魂，才得以听见他们聊天，我喜欢这种物以类聚的感觉。可树木们似乎不理解我，一直到深夜，他们还在将我谈论。就是这些，这真是一件很平常的事情。

希梅内斯（1881~1958），西班牙诗人，1956年以"崇高的心灵与纯净的艺术"而获诺贝尔文学奖。

昨天傍晚
我带着云彩回还，
云彩来自玫瑰花丛——
完美巨大的柔情下，
来自坚固的树干中间。

孤独永恒
寂寞无限。
我像一棵树一样停下

---

① 选自希梅内斯《悲哀的咏叹调》，赵振江等译，漓江出版社，1997年版。

倾听树的交谈。

孤独的鸟儿逃离
枝头如此诡秘,
我孤身只影
待在最后的玫瑰丛中。

我不愿返回自身,
因为担心
使那些相同的树
也产生这异样的苦闷。

树木忘记了
我这流浪汉的形体,
我凭借自己被忘却的形体
倾听了树木的话语。

一直到星星闪亮。
柔和的光在飞翔,
我来到海岸旁
月光已洒在沙滩上。

当我离去的时候
看到树木在注视着我,
他们明白了一切,
我为抛弃他们而难过。

在珍珠般的云朵中间
我倾听了树木的交谈,
他们悄悄地将我评论,
该如何解开他们的疑团?

该如何向他们说明
我只是过路之人,
请不要将我评论?
我不会背叛他们。

昨天傍晚,夜已经很深,
我听见树木在将我谈论。

【希腊】埃利蒂斯
李野光 译

疯狂的石榴树①

　　石榴树没有疯狂，是诗人的想象力疯狂了。在诗人的感觉里，石榴树仿佛是个狂欢的酒神——是她，在阳光中撒落果实累累的笑声，在黎明时以新生的叶簇欢舞；是她，用阳光装满姑娘们的篮子，与天上的云朵战斗；是她，抓住阳光这匹奔马的鬃毛，高叫新生的希望已经破晓；是她，摇着多叶的手帕欢迎我们，把大海中千百只船舶的帆缆弄得吱吱作响；是她，在世界的中央撕碎险恶的云天，解开了白昼的绸衫；是她，驱逐了一切邪恶的阴影，将晕头转向的鸟儿泼在太阳的胸脯上；还是她，展开翅膀，把万物搂在怀里，庇护着我们最深沉的梦乡——歌到尾声更深厚，石榴树已是大地母神的形象。可以这样想象吗？为什么不可以这样想象呢？

在这些粉刷过的乡村庭院中，当南风
呼呼地吹过盖有拱顶的走廊，告诉我，
　　　是不是疯狂的石榴树
在阳光中撒着果实累累的笑声，
　　与风的嬉戏和絮语一起跳跃、奔驰；告诉我，
　　　是不是疯狂的石榴树
以新生的叶簇在欢舞，当黎明
以胜利的震颤在天空高举起它的旗帜？

当草地上那些裸体的姑娘们醒了，
用白皙的双手采摘翠绿的三叶草，
还在梦的边缘上飘游，告诉我
　　　是不是疯狂的石榴树
随意用阳光把她们的篮子装满，

---

① 选自埃利蒂斯《英雄挽歌》，李野光译，漓江出版社，1995年版。

让她们的名字被鸟儿纷纷讴歌;告诉我,
　　　是不是疯狂的石榴树
在同宇宙多云的天空零星地战斗?

当白日炫耀地佩带七种不同的彩羽,
用千只炫目的棱镜将永恒的太阳围绕,告诉我,
　　　是不是疯狂的石榴树
抓住了一匹奔马绺绺纷披的鬃毛;
它从不忧伤,从不懊恼,告诉我,
　　　是不是疯狂的石榴树
在高叫新生的希望已开始破晓?

告诉我,是不是疯狂的石榴树在欢迎我们,
远远地摇着多叶的手帕,如熊熊火光,
摇着一个即将诞生千百艘船只的海洋,
即将使千百次涌起的波涛
向荒无人迹的海滩奔荡,告诉我,
　　　是不是疯狂的石榴树
使帆缆高高地在透明的天空震响?

高高地在上面,伴着发光的葡萄串,
傲慢地狂欢着,充满了危险,告诉我
　　　是不是疯狂的石榴树
在世界中央用亮光撕碎魔鬼险恶的云天,
又从东到西铺开白日的橘黄色衣领,
上面有密布的歌曲装点;告诉我
　　　是不是疯狂的石榴树
在急急忙忙地解开白昼的绸衫?

在四月初的衬裙和八月中旬鸣蝉的深处,
告诉我,嬉戏的她,发怒的她,诱惑的她
从所有的威胁中摆脱掉黑色邪恶的阴影,
将头晕眼花的禽鸟倾泼于太阳的胸脯;
告诉我,那展开羽翼遮盖着万物的胸乳,
遮盖在我们深沉的梦寐之心上的,
　　　是不是疯狂的石榴树?

【古希腊】梭伦 等
水建馥 译

希腊智者如是说①（5首）

人类的文明史虽然只有寥寥数千年，积累的文化却是相当丰厚的。后人常常会在阅读中发现，你的那一点儿思想和情感，古人早已替你说过了，而且说得比你想的要好。那么，追根溯源地读书，就成为一种必要。关于人生怎么回事，听听古希腊人怎么说。

【古希腊】无名氏

一、看人心肠

古希腊人以为，人心叵测，最好在每个人胸前开一扇窗，想了解对方的思想，打开来看看比较放心。这想法固然天真，可是真方便啊。

但愿能够看看每个人的心肠，
打开他的胸口，向里面观察
他的思想，然后重新关上，
好认清他真是朋友，不致上当②。

【古希腊】无名氏

二、幸福四要素

幸福是由哪些元素构成的呢，古人一板一眼地告诉你，就是四件东

---

① 选自《古希腊抒情诗选》，罗念生、水建馥译，人民文学出版社，1998年版。
② 人心不可知。把人类的胸口开个天窗，好窥探他的思想，并非诗人的首创。希腊神话中，早就讲到有一位摩摩斯（义为"挑眼神"），他凡事均爱挑剔。神造人，他说造得不完善，如能开个口子在胸部，人心一目了然，岂不便于识别良莠善恶。

西：健康、温和的性格、正当的财产、朋友。如果有遗漏请你自己补上，次序自定。

  人皆有死，最重要第一是健康，
  第二是天生性情温和，
  第三是有一份并非来之不义的财产①，
  第四是有一批朋友欢度春光②。

【古希腊】塞诺法涅斯（前570~前479）

三、造 神③

  关于"造神"（神可造，说明作者是无神论者），智者塞诺法涅斯认为，神为什么个个都像人一般模样（想想那些精美的古希腊雕像）？就是因为他们是人造的。任何动物如果可能，它们一定会按自己的模样造神。多么透彻的思维。稍稍推论下去——如果每个人愿意，都可以造出专属自己的一套神谱，只要照着哈哈镜就可完工——神仙，原来就是"我"的不同造型啊。

  假如马或牛或狮子都有手，
  和人类般能画能创作作品，
  它们就会把神的形体绘制成
  和它们各自的形体一式一样，
  马的和马一样，牛的和牛一样。

---

① "并非来之不义的财产"原文直译是"并非凭欺诈而得来的财产"。
② "春光"指青春时光。
③ 塞诺法涅斯是提倡无神论的。他留下不少这方面的诗句片段，如"看来是人类产生了神，让神穿上自己的衣服，说自己的话，有自己的形体"。又说，"荷马与贺西奥德给天神加上了人间的缺点和可指责处：偷窃、淫乱、互相欺骗。"又说，"埃塞俄比亚人说神是扁鼻子黑皮肤，色雷斯人则说神是蓝眼睛红头发。"神的存在是人的创造，这一批判思想，实由塞诺法涅斯首开其端。后来《伊索寓言》等均有类似说法。塞诺法涅斯并非完全否定神的存在，但他认为"神为一"，只有一个，并无形体。他在另一首诗中说："在诸神与人类之中，只有一位大神最伟大，他的形状不像人类，他的思想也不像人类。"

【古希腊】梭伦（约前638~约前559）

四、无 题①

希腊是西方民主制度的发祥地，而雅典执政官梭伦是雅典民主的奠基者，被尊为古希腊七大贤人之一。梭伦性喜中庸，同情平民，一生致力于以立法解决贫富悬殊问题，"我给人民以恰好满足的权利"，那个"手持大盾"的形象，多像一个公正的神灵！谁造的？当然是普天下的穷人。真该把它雕成塑像，立在每一个政府的大门前。梭伦还喜欢到市场上朗诵诗歌，面对面与民众交流。让我们侧耳倾听，从2600年前传来的，如此洪亮的声音："城邦毁于豪强，而人民受专制奴役则因愚昧。"

我给人民以恰好满足的权利，
  所得不短少也不加多，
有权势有令人羡慕的财产的人
  我劝告他们不要过分，
我手持大盾站稳，为双方挥舞，
  不让任何一方非法战胜。

五、忠 告

大雪和冰雹的威力来自阴云，
  雷鸣产生于耀眼的闪电。
城邦毁于豪强，而人民
  受专制奴役则因愚昧。
出海太远就不容易靠岸，
  这一切应好生想想看②。

---

① 这首诗是雅典贵族庇氏特拉妥斯上台执政之前梭伦向人民发出的忠告。
② 这几句是亚里士多德在《雅典政制》中引用的。

【印度】伐致呵利
金克木 译

印度诗人如是说①（5首）

署名"伐致呵利"的古印度梵文诗集《三百咏》，在印度的地位相当于中国的《唐诗三百首》。这里选了五首，诗句文简意清，风味独特。以下诗篇选自金克木先生编译的《印度古诗选》。

一

古印度人对女人的看法和古中国人相似，都是又爱又怕。罗列一组形容词，白描几个动态，一个娇媚可人的女子形象就跃然纸上，然而结尾又归结为"罗网"，似乎作者已成惊弓之鸟。

笑容、情感、娇羞、伶俐，
转过脸，半投来斜射的目光，
语言，带妒意的争辩，游戏，
合起来，便使女人成为罗网。

二

人生到底是一场喜剧或是一场悲剧？当身体全面败退之时，心中的欲望却依然虎虎生风。人已是行将就木，可心还想要；人已经活过了，可还想活。真是讽刺，也是悲悯啊。

脸上现皱纹，
头上白发生，
四肢软无力，

---

① 选自《印度古诗选》，金克木译，湖南人民出版社，1984年版。

欲望却年轻。

三

古今中外的人生哲学都鼓励人"生当作人杰",但做不成怎么办?东西方的人生观在此分野:西方的一整套全是进攻战术,不留余地;东方则在进攻不利之时,另有一套撤退战术——成,则做人上之人;不成,则归隐田园山林。这就是"鲜花"的命运。孰优孰劣,何必计较?各取所需罢了。

像鲜花一束,
高人有两条路:
或在众人之顶,
或凋谢于森林。

四

诗人总是多情,动不动就泪眼模糊。如果你也多情,不妨排列出你心中的痛苦,跟原作比较一番,看看有什么不同。如果古人问你:"吹皱一池春水,干卿底事?"你要想好答案。

昼间苍白的月轮,青春已逝的荡妇,
空无莲花的池塘,出语不文的美貌,
唯财是好的主子,永遭穷困的善人,
混入王廷的恶棍:这是我心中的七苦。

五

三个漂亮的比喻——衰老如虎、疾病如仇、年华如水,什么都要玩完了,可是"依然行无益",到这份儿上,还不做点有人味的事,能不让人浩叹——"奇哉世人"?

衰老如牝虎伫立狰狞,
疾病如仇敌袭击此身,
年华泻去如水出漏瓶,
依然行无益,奇哉世人。

【波斯】哈亚姆
黄杲炘 飞白 译

波斯哲人如是说①（5首）

哈亚姆（1048~1131）是一位全才型的人物，生前作为哲学家、数学家、天文学家闻名于世，死后50年，人们才发现他是一位大诗人。19世纪，名作家菲茨杰拉德把他的诗歌《柔巴依集》译成英文，从此获得世界性声誉。"柔巴依"（一译鲁拜）是一种波斯诗体，每首四句，类似中国的绝句。文字优美，哲理深邃。以下诗篇选自黄杲炘先生译《柔巴依集》和飞白先生译《鲁拜集选》。

一

人生的需求到底有多少呢？有树——呼吸舒畅；有诗——心灵翱翔；有酒——激情荡漾；有面包——家常便饭；还有你——千万不能少；你在歌唱——这非常重要，说明你爱着、快乐着、满足着。就这些吧！只要有这些，荒无人烟的地方也是天堂。这个"人生购物清单"看似简单，可是要一一兑现却不容易，拥有的快乐转成永恒的祈望，也许正因为如此，它才成为一首经常被人引用的小诗吧？

在枝干粗壮的树下，一卷诗抄，
一大杯葡萄美酒，加一个面包——
你也在我身旁，在荒野中歌唱——
啊，在荒野中，这天堂已够美好！

二

光阴似箭，日月如梭，人须爱惜青春，珍重生命。相传为唐朝杜秋娘

---

① 黄杲炘译选自《柔巴依集》，上海译文出版社，1982年版。飞白译选自《世界诗库·鲁拜集选》，花城出版社，1994年版。

所作的《金缕曲》,可与此诗并读:"劝君莫惜金缕衣,劝君惜取少年时。有花堪折直须折,莫待无花空折枝。"

在你风采照人的短短时刻里,
去把摇曳的柏树枝搂在怀里;
趁大地这母亲还没把你抱回——
让你溶化在她最后的拥抱里。

三

哈亚姆有一颗异于常人的纤细的诗心,那种出入阴阳二界、超越死生之际的触物深情,非常难得。与情人相约在河岸草坡上,大地为床,蓝天作被,新春为媒,情人的心思恐怕是"教郎恣意怜",而诗人却痛惜那苏生的青草——轻轻地枕吧,说不定呀,你头下的青草,曾经是哪位美人儿的樱唇。而你呀,我的美人,有一天,也将,化作这,芳草青青……

我俩枕着绿草覆盖的河唇,
苏生的春草啊柔美如茵——
　　轻轻地枕吧,有谁知道
它在哪位美人唇边萌生!

四

每当我举起粗笨的陶制酒杯,总听见它对着我的嘴咕哝:人生得意须尽欢,今朝有酒今朝醉。我猜,这酒杯也曾有过生命,也曾痛饮美酒、快意人生。它或许是千百年前的一名豪饮客,骨肉零落成泥,而泥上又做成了这只酒杯。想起来了,那天我经过陶器作坊,正碰见陶工使劲捣着湿泥,我分明听见,那泥用古旧的语言在抱怨:"轻点,兄弟,求你轻点!"

因为,我想起曾经在路旁站立,
看一个陶工使劲地捣着湿泥;
那泥用早已失传的语言低叫:
　　"轻些,兄弟!请轻些,兄弟!求求你!"

五

老天爷,你别神气!你造人用的是劣质的泥,居然要求人有完美的天性。你造个伊甸园,偏偏把蛇放进去。是你设下种种陷阱让人犯罪,却把"原罪"的帽子扣在人的头顶。你宽恕人吧,让人也好宽恕你。

你呀,你用污泥浊土把人塑造,
你设伊甸园时也没把蛇忘掉:
你虽用种种罪过把人脸抹黑,
你给人宽容,你从人得到宽饶。

【英国】麦克尼斯
王佐良 译

出生前的祷告①

中国古人认为："人之初，性本善。"一个孩子来到这个世界，原本纯洁无邪，慢慢就被这个世道修理得面目全非。于是，常有人怀疑，值不值得把一个孩子带到这个世界上来，如果你真爱他的话？于是，也有了这构思奇特却在情理之中的"出生前的祷告"——

天地神灵啊，我还没生，请让我顺利降生；我害怕人间无谓的磨难，请安慰我；给我一个其乐融融的和谐空间吧；请宽恕我世界强加给我的罪过。天地神灵啊，请教我扮演必须扮演的角色，教我学会应对，让我完好地演出人生的戏剧；不要让我被伪善者欺骗；在我出生之前，请给我力量去对付那些要冻结我的人性、要把我变得不像人的人；不要让他们把我变成冰冷麻木的石头，不要让他们把我的生命当脏水一样泼掉……如果我的祷告不能应验，不如不让我降生！

麦克尼斯（1907~1963），英国诗人、戏剧家。

我还没生；啊，听我一言：
莫让吸血的蝙蝠、鼠、鼬、跛脚的食尸鬼接近我。

我还没生；安慰我。
我怕人类会用高墙隔开我，用毒品叫我上瘾，用
　　巧妙的谎话叫我上钩，把我放在黑色刑架上
　　　　折磨，泡在血水里滚动。

我还没生；给我
水来让我戏弄，草木为我生长，树来同我讲话，天
　　空来对我歌唱，鸟和心上的一道白光来作我引导。

---

① 选自王佐良主编《英国诗选》，上海译文出版社，1988年版。

我还没生；宽恕我
世界将在我身上犯的罪，它将要我说的话，要我
　　想的思想，由我所看不见的叛徒叫我
　　　　干的叛行，他们通过我的手来杀害人而
　　　　　让我活着，他们要我活着
　　　　　　而我死亡。

我还没生；教我扮演
我必须演的角色，接上我必须留意的提词，当老
　　年人训我，官僚们吓我，山对我生气，情人
　　　　们笑我，白浪叫我去做蠢事，沙漠叫我去
　　　　　走向死亡，乞丐拒收我的施舍，儿女
　　　　　　们诅咒我。

我还没生；啊，听我一言：
莫让那原是野兽而自以为上帝的人接近我。

我还没生；啊，给我
力量去对付那些要冻结我的人性的人，要拉我加
　　入致命的自动化的人，要使我变成机器里一个
　　　　螺丝钉、一样只有一个面孔的物体、一
　　　　　件东西的人，对付所有要削弱我的整体
　　　　　　性的人，要把我像飞絮那样吹得到处
　　　　　　　都是，或像手里捧着的水那样溅得到
　　　　　　　　处都是的人。

莫让他们把我变成石头，莫让他们把我溅掉。
否则杀死我。

【智利】米斯特拉尔
赵振江 译

儿子的诗①

在两情相悦的日子里，当她深爱着他，就想为他生个儿子。据西谚云：有儿子的家庭，是两个男人爱着一个女人。那么，她是在祈求双倍的爱，也是渴望把自己对男子的爱扩大一倍。诗人以细腻柔情的刻画，告诉我们，一个女子会以怎样的深情盼望着儿子的诞生：她想象儿子的样子，她嫉妒怀孕的母亲，她夜夜等着为自己的谷仓播种，她居然会为自己的容貌自惭形秽！为了生下一个儿子，她甚至敢于面对死神的眼睛。真是可怜天下父母心！

现实中的诗人米斯特拉尔因为爱情悲剧，并没有成为母亲，她把一腔深厚的母爱献给了学生和诗歌。

儿子，儿子，儿子！在痴情似火的日子里，
我想要一个儿子，是我的也是你的，
那时连我的骨头里都回荡着你的窃窃私语，
我的前额一天比一天更神采奕奕。

我总说：要一个儿子！就像春情萌动的花木
将蓓蕾向蓝天延伸。
一个儿子，有着像耶稣一样大大的双眼，
动人的前额，充满渴望的双唇！

他的双臂像花环一样，盘在我的脖子上，
我肥美的生命之泉向他流淌，
我的心田开出了芬芳的花朵，
使所有的青山都飘溢着清馨。

---

① 选自米斯特拉尔《柔情》，赵振江、陈孟译，漓江出版社，1986年版。

当我满怀着爱情穿过人群，
在那里碰到一位怀孕的母亲，
用颤抖的嘴唇和乞求的眼睛将她注视，
想要个目光温柔的儿子却使我们成了盲人！

到夜晚，幸福和憧憬使我不能入眠，
情欲并没有降临我的床边。
为了在歌声中诞生的儿子
我将胸怀敞开，将双臂舒展……

为了将他沐浴，我觉得阳光并不太强，
看看自己，我恨我的膝盖粗糙无光；
我神思恍惚，思绪茫茫，
自惭的泪水在我的面颊流淌！

对主宰生离死别的污秽死神我并不惧怕，
他的眼睛可以使你的眼睛从虚无中解脱，
无论阳光灿烂的早晨还是月色朦胧的夜晚，
我都愿从他的目光下走过……

【爱尔兰】叶芝
余光中 译

为吾女祈祷①

我们见识过一个女性对儿子的企盼，再来看一个父亲对女儿的情怀。

在暴风雨咆哮的时分，刚做父亲的我彷徨不安。女婴熟睡在摇篮，摇篮外的世界毫无遮拦。狂风横扫一切，像不祥的岁月呼啸而来。我转过身，独自面对女儿的未来。我只是一个敏感的父亲，在为女儿祈祷一个美好的将来。

我祈祷：愿上天赐予她美貌，但不必倾国倾城。美得过分，既让人垂涎，又令她顾影自怜，以为美就是一切，而把善良、真心和友情抛在一边。想当年，天下第一美女海伦，不甘寂寞做个斯巴达王后，偏要与特洛伊王子帕里斯私奔，引发特洛伊十年大战；而那伟大的爱与美的女神维纳斯，从海浪中诞生，没有父亲给她唠叨，结果嫁了个跛脚的铁匠伏尔甘。多少美人儿因为胡思乱想，而把好日子玩完。

我祝愿她谦恭有礼。天生丽质，比不过玲珑慧心。多少爱情的流浪汉（包括我，你的父亲）曾为美丽所愚，最终令他驯服的还是一颗仁慈的心。我祝愿她快乐一生，像一株安详恬静的树，生长在永久可爱的土地上，唯一的心事，是像一只红雀，向四周播送慷慨的歌声。

我年事已高，如今54岁了才做上父亲，我知道心怀仇恨，是最大的罪恶；还有一种思想上的仇恨最为恐怖，固执和偏激，会把一个女子的美好全盘毁灭，最后变成一只怒气冲天的老风箱。没有仇恨的灵魂才能返璞归真，灵魂温柔的心意便是天意，懂得自我取乐、自我妥协、自我警惕，不怕环境和时间的打击，永远幸福、安宁。

祝愿她有如意郎君娶她回家，一切都合礼如仪。别理睬狂妄与仇恨，那都是大街上叫卖的货色。没有了礼仪，就失去了最朴素的美。祝愿传统礼仪的生活带给她丰衣足食，祝愿合乎风俗的言行令她健康如意。

---

① 选自《余光中选集》第五卷，安徽教育出版社，1999年版。

叶芝（1865~1939），爱尔兰象征主义诗人，1923年因"将民族的精神以高度的艺术形式表现于诗作中"获诺贝尔文学奖。一生苦恋爱尔兰自治运动风云人物毛特·岗，然而落花有意，流水无情。叶芝在本诗中表达的女性观，显然是苦涩的经验之谈：过分美丽与偏激，均非女子之福。女子的最高美德是谦逊与仁慈。至于容貌，清秀已足，何必倾城。

暴风雨重新在咆哮，但是半掩
在摇篮的帐顶和被单下面
我的女婴仍酣睡。唯一的屏障
是归葛里森林和荒秃一山冈，
挡住那狂风，风自大西洋吹来，
能扑翻干草堆，掀走屋顶；
我徘徊又祈祷了一个时辰，
因心中笼罩一大层阴霾。

我为这婴孩徘徊而祈祷
一小时，且听海风在塔上呼号，
呼号，在拱起的桥洞下面，
在涨水的河上那榆树林间；
在激动的沉思中我幻想
未来的年代已降临，
且应着疯狂的鼓声
奋舞，从致命的无知之海上。

愿冥冥能赐她美丽，但是不必
美得令一个陌生人目迷；
或令她自己对镜时太沉醉，
这种女孩，生得太美，太美，
会幻想，美便是足够的目的，
遂丧失天赋的仁慈，甚至
流露真心的那种相知，
竟选择错误，永不能获得友谊。

海伦入选，感生命平凡而单调，

终于又为了一个痴人①说梦而烦恼；
而那伟大的女皇②，海浪所生，
没有父亲，一切该称心。
却选中跛脚的铁匠做夫婿。
多少美好的妇人总是
胡思乱想，命运差池。
丰年的羊角③，遂因此被误。

首先，我要她学习谦恭；
有些女子不全凭美容，
心灵非天赐，乃修养所致；
多少女子自误于丽质④，
终因魅力而赢得慧心；
多少可怜的流浪汉⑤，
爱过，且误会曾被爱恋，
对这种仁慈的女性最动情⑥。

愿她像株隐形树，繁柯密叶，
所有的心事像一只红雀，
唯一的任务是四方散播
那种豪豪爽爽的清歌，
为了游戏，才绕树飞逐，
为了游戏，才斗嘴。
啊，愿她长成青青的月桂，
植根于永永可亲的泥土。

因为我曾经爱过的一些心灵，
我欣赏的那种美，皆不幸运，

---

① "痴人"是指诱带海伦私奔的帕里斯王子。
② "伟大的女皇"是指海浪所生的爱神维纳斯，嫁给弯腿而丑陋的天国铁匠服康，而又不安于室，与战神马尔斯相恋。
③ "丰年的羊角"（Horn of Plenty）为满盛瓜果与鲜花的大羊角，用以象征丰衣足食。相传希腊天神宙斯幼时曾就山羊吸乳，故用羊角为象征。叶芝引申此意，使之更象征美好的生活之秩序与风雅。
④ 显然指毛特·岗。
⑤ 指叶芝本人。
⑥ 指叶芝太太，她性情开朗慈祥，有异于毛特·岗的艳丽无情。

我的心灵近日也已涸干；
但我知道，如果让仇恨填满，
在一切邪恶中为恶最深重。
如果心中没有敌意，
则风之侵犯与袭击
绝不能将红雀驱出叶丛。

思想上的仇恨为害最深，
让她明白凡偏见都可憎。
我岂未目睹最可爱的女子①
从丰年的羊角中降世，
却坚持自己顽固的意向，
将那羊角，和安详的性格
都了解的每一种美德，
去交换一只怒飙的老风箱？

设想，一切恨意被逐尽，
灵魂恢复原始的天真，
而终于领悟它能够自娱，
能够自慰，也能够自惧，
而它温柔的心意便是天意；
虽多风的地带皆狂吹，
虽风箱尽迸裂，仍能自怡。

愿她的新郎领她回家去，
而一切已井然，一切合礼；
因傲慢与仇恨莫非商品，
任人叫卖，在市场中心，
如果不遵守仪式与风俗，
天真与美如何能养成？
仪式，以之名羊角之丰盈，
风俗，以之名欣欣之桂树。

1919年

---

① 指毛特·岗。

【美国】惠特曼
李野光 译

有个天天向前走的孩子①

哪些东西构成了"我"呢？除了遗传基因，所有可以称之为"我"的一切，都是我们自己每天一点一点地从外界吸收进来的。天空的云霞和原野的草木，赠给我的眼睛以色彩；母亲的眠歌和鸟雀的啁啾，教会我发声；清风流水和父亲的胡子，释放了我的触觉；早晨的空气和山海的呼吸，启发了我的嗅觉；餐桌上的佳肴和你的问候，证实了我的味觉……每天每天，一点一点，我的每一个细胞都在吮吸我所接触到的一切。"他只要观看某一个东西，他就变成了那个东西"，然后，"那个对象就成为他的一部分"，这就是我们每个人都会玩的魔术，这就是生命的奇迹。那个天天向前走的孩子，就是你呀！敞开你的心胸，容纳整个大千世界吧。

有个天天向前走的孩子，
他只要观看某一个东西，他就变成了那个东西，
在当天或当天某个时候那个对象就成为他的一部分，
或者继续许多年或一个个世纪连绵不已。

早开的丁香成为这个孩子的一部分，
青草和红的白的牵牛花，红的白的三叶草，
　　鹟鸟的歌声，
以及三月的羔羊和母猪的一窝淡红色的小崽，
　　母马的小驹，母牛的黄犊，
还有仓前场地或者池边淤泥旁一窝啁啾的鸟雏，
还有那些巧妙地浮游在下面的鱼，和那美丽而奇怪的液体，
还有那些头部扁平而好看的水生植物——所有
　　这些都变为他的成分，在某个部位。

---

① 选自李野光译《惠特曼精选集》，山东文艺出版社，1997年版。

四五月间田地里的幼苗变成了他的一部分，
还有冬季谷类作物和浅黄色的玉米苗儿，以及园
　　　子里菜蔬的块根，
缀满花朵的苹果树和后来的果实，木浆果，以及
　　　路边最普通的野草，
从小旅馆外面厕所里很晚才起来的踉跄而归的醉老汉，
路过这里到学校去的女教师，
途经这里的彼此要好的男孩子和争吵的男孩子，
整洁而脸颊红润的小姑娘，赤脚的黑人娃娃，
以及他所到的城市和乡村的一切变化。

他自己的父母，那个做他父亲的男人和在子宫里
　　　孕育并生产了他的母亲，
他们从自己身上给予这孩子的还不止此，
他们后来还每天都给，他们成了他的一部分。

母亲在家不声不响地把一盘盘的菜端到餐桌上，
母亲言语温和，穿戴整洁，走过时会从她身上和
　　　衣服上散发出健康的芳香，
父亲强壮，自负，魁伟，吝啬，爱发脾气，不公正，
那种殴打，急促而响亮的言谈，苛刻的讨价还价，
　　　要手腕的本领，
那些家庭习惯，语言，交往，家具，那渴望和兴奋的情绪，
那无法否认的慈爱，那种真实感，那种唯恐最后
　　　成为泡影的忧虑，
那些白天黑夜的怀疑，那些奇怪的猜测和设想，
猜测那现象是否属实，或者全是些斑点和闪光，
那些大街上熙熙攘攘的男女，他们要不是些闪光
　　　和斑点又是什么？
那些大街本身和房子的门面，以及橱窗里的货样，
那些车辆和畜力车队，铺着厚木板的码头，规模
　　　宏大的渡口，

日落时远远看到的高地上的村庄，中间的河流，
阴影，光晕和雾霭，落在远处白色或棕色屋顶和

山影上的夕照，
近处那些懒懒地顺流而下的帆船，缓缓拖在后面的小舟，
纷纷翻滚的波涛，在激扬中立即碎裂的浪峰，
层层叠叠的彩云，孤单地待在一旁的紫酱色霞
　　带，它静静地躺在其中的那片澄净的苍冥，
地平线的边缘，飞绕的海鸥、盐沼和海岸泥土的馥郁，
这些都变成那个孩子的一部分，那个天天向前走
　　的孩子，他正在走，他将永远天天向前去。

【美国】惠蒂尔
黄杲炘 译

在做学生的岁月里①

  在做学生的岁月里，有多少美好的故事发生！只是当事人常常浑然不觉，天天觉得沉闷。成年后的反刍，才尝出非同寻常的滋味。有这么一个小姑娘，她的成绩高于她心仪的男生，她——"竟因为胜过他而悲痛"。这样的事情，在此后的人生里，再也没有发生。爱一个人，就是希望他好，这朴素的情感，人到成年却已忘怀。这不是一个孩子初恋的故事——做学生的岁月，那是人生对世界的初恋，所有的感觉，都是鲜活的第一回。

  惠蒂尔（1807~1892），美国诗人。

那学校的房子仍在路旁，
  像褴褛乞丐在睡眠；
它四周依然有漆树围绕，
  有黑莓藤蔓在攀缘。

看得见里面教师的桌上
  教鞭抽出的深凹痕，
翘起的地板，砸坏的座位，
  折刀刻的缩写姓名。

墙上是木炭绘成的壁画；
  磨损的门槛传消息：
来校时磨磨蹭蹭的腿脚
  出去玩就乱冲一气！

多年前的一天，冬日太阳

---

① 选自飞白主编《世界诗库》，花城出版社，1994年版。

西落时曾经照耀它；
照亮它西面块块玻璃窗
　　和低低檐上的冰花。

夕阳照着纷乱的金鬈发——
　　棕色眼睛里是忧愁；
学校里的人全都在离去，
　　这姑娘迟迟没走。

因为近旁站着的小男孩
　　独受她天真的钟爱；
男孩的神色自尊又羞愧，
　　拉低了帽檐把脸盖。

他没有走，不安分的脚，
　　把积雪往左右拨动；
姑娘的小手也同样不安——
　　把蓝格子围裙捏弄。

男孩感觉到纤手的轻抚，
　　看见她抬起了眼睛，
听到她说话的颤抖声音——
　　似乎在承认她的罪行。

"我为拼出那个字而难过，
　　我最恨自己超过你
因为，"她垂下棕色眼睛说，
　　"因为，要知道我爱你！"

白发老人至今还记得起
　　那张可爱的孩子脸。
亲爱的姑娘！她墓上的草
　　至今已长了四十年！

在严峻的人生学校他得知：
　　爱他超过他的人中
很少人能像那姑娘一样
　　竟为胜过他而悲痛。

【英国】希蒙斯
黄杲炘 译

一首生日诗① (致雷切尔)

每年一次的生日纪念,给我们一个隆重的机会回顾以往、展望未来。面对烛光,我们近观生命的脚印一一掠过,聆听未来的脚步声声迈近。燃烧的蜡烛,象征我们过去的岁月,一一在眼前闪光;我们要用自己的气息,吹灭各年的烛光,真真切切地看见死亡,并在飞升的烛烟里,朦朦胧胧地眺望希望。

希蒙斯(1933年生),英国诗人。

为你过的每一年,在你蛋糕上
我们点一支蜡烛,
以标明这人人都能够作出的
相当简单的进步;
然后,为检测你勇气或给你
确切地瞧瞧死亡,
还每年要你用自己的气息
吹灭各年的烛光。

---

① 选自黄杲炘译《英国抒情诗选》,上海译文出版社,1997年版。

【英国】霍思曼
周煦良 译

人如果能一世沉醉①

逍遥的日子过得快,如果一味消遣时光,生活会像泥鳅一样滑溜。可人是会思想的动物,某一天左顾右盼,突然发现过去的日子一地鸡毛,悔恨将猛撞我们的胸膛。

霍思曼(1859~1936),英国诗人。

人如果能一世沉醉,
　　爱爱,喝喝酒,打打架,
谁不愿一早起来?
　　谁不愿一晚就睡下?

无奈人有时也清醒,
　　也会东想想,西想想。
要是他们想,他们会
　　一双手紧勒在胸膛。

---

① 选自霍思曼《西罗普郡少年》,周煦良译,湖南人民出版社,1983年版。

【古希腊】荷马
辜正坤 译

世代如落叶①

  我不只活在今天，我也活在昨天和明天——我活在历史的进程中，我只是人类中的一个环节、人群中的一个分子，如同树林中的一片树叶。我既谦卑渺小，又顽强坚韧，我的生命结束的时候，可以凭借种族在人间复生。诗节选自荷马史诗《伊利亚特》第六卷第145~149行。特洛伊大将格劳科斯与希腊大将狄奥墨得斯交战之前相互喊话，狄问格的家世，类似中国古代的"来将通名"，格在自报家门之前先来了这么一段咏叹调，是铮铮铁马声中忽然一段笙歌笛怨，堪称铁血柔情。

  荷马（约前9~前8世纪），西方诗圣，据传是盲乐师，行吟诗人，古希腊两大史诗《伊利亚特》和《奥德赛》的作者。

  勇将狄奥墨得斯，休问我祖上是何人。
  人类有百代，千树叶秋横，
  一年一度秋风劲，吹落满地金。
  待到春归重洒绿，枝叶复如新。
  人间万代皆如此，一代虽死一代生！

---

① 选自飞白主编《世界诗库》，花城出版社，1994年版。

【巴基斯坦】伊克巴尔
陈敬荣 译

神与人①

  人活到某个时候，免不了有与神对话的愿望，尤其是当人绝望、希望、彷徨或坚信之际。这里，诗人设计了一场人神对话，主调是张扬人的力量。匍匐在神像面前祷告的场面见得多了，与神平等对话甚至抗辩的场面则别开生面。先是神对人的指责：我创造了世界，你分割成国家；我储备了铁矿，你却做成枪炮去伐树打鸟。接着是人的抗辩，全是对神灵造物的否定式：光明否定黑暗、花园否定荒漠、蜜汁否定毒液，黏土作杯、石头磨镜，人类巧夺天工，化腐朽为神奇。注意，人并没有否定神的指责，而是通过转移话题来抗辩，这也可以理解为——诗人对人并非一味袒护，他也是借神灵之声来揭露人性之恶。这样的构思，诗意完满周圆。

  伊克巴尔（1877~1938），巴基斯坦近代文学之父。

神

我创造了世界，从同一片泥土和水，
你建立了鞑靼、努比亚和伊朗，
我从生土里提炼出纯净的铁沙。
你制造刀剑、箭头和枪炮，
你做成锄头去砍伐园里的树，
你做成了笼子去关闭歌唱的鸟。

人

你创造了夜，我制作了灯，
你创造了黏土，我做成杯盘；

---

① 选自飞白主编《世界诗库》，花城出版社，1994年版。

你创造的是沙漠、山岭和峡谷,
我呢,建造了花床、公园和果园;
是我把石头磨成镜子,
是我,从毒物里酿出蜜汁。

【波斯】哈菲兹
邢秉顺 译

虔诚的道路，你在哪里①

　　人生有大愿，十九成虚话。人的欲望就像"草船借箭"的曹操一方，有十万利箭，纷纷射向若有若无之物，云开雾散，才发现射中的全是草人。追问，是人的本能，只要心不安，只要心不死，人的一生就会不停地追问，再伟大的人也概莫能外。

　　哈菲兹的"天问"仿佛遍问人间事，其实只有一个终极追问——开篇抛出几个大疑问——问信仰、问死生、问归宿，都是无解之题，其实都是一个信仰的问题，一疑百疑，一通百通。伪善的宗教是对虔诚的亵渎，但失去这个虚假的依靠之后，人生往何处去？在茫然无助的时候，许多人就一头栽到酒坛里。如果酒能解忧，何必问酒？正因为世上没有让灵魂沉醉的美酒，所以才有此一问。于是诗人对自己的行为也提出了质疑：放荡不羁的生活方式难道真是达到高远境界的途径？真正发自内心的信仰的圣歌在哪里？一个人如果把满腔的虔诚供错了对象，就像是美人儿偏与仇敌共枕！这里的一系列意象，酒家、美酒、圣歌、琵琶、美貌、明灯、太阳等都是象征性隐喻，并非实指。

　　诗人穷极八方、上下求索，依然无所皈依。最后的归宿——像许多人一样，遍求无着之余，最后的归宿是女人、爱情。诗的下半节专论爱情。但诗人发现，爱情也不可靠啊。即便"我"如此虔诚、恭顺、卑微——用你脚下的泥土当"我"的眉笔，但你脸上的酒窝却成了"我"灵魂的陷阱。你不仅没把"我"解脱，反而更使"我"彷徨无依。此情可待成追忆，只是至今仍惘然。此身何往？此情何寄？此心何安？只有不断地追问下去……

　　哈菲兹（1320~1389），享誉世界的波斯诗人。幼年丧父，独立谋生求学，熟背《古兰经》，却反对伊斯兰教。一生坎坷，饱经时乱，却不甘雌伏。诗风刚柔相济，豪爽如李白，多情却如柳永。

---

① 选自邢秉顺译《哈菲兹抒情诗选》，外国文学出版社，1981年版。

虔诚的道路,你在哪里?
我毁灭的生命之途,你在哪里?
看看这漫长的征程吧,
它从何处来,又向何处去?
我的心挣脱了修道院,
抛弃了伪善的八卦仙衣;
借问何处是酒家?
精美的芳醇在哪里?
虔诚的信念,崇高的声誉——
这和放荡不羁有何联系?
修道院的圣歌在哪里?
琵琶的声音在哪里?
那情侣美丽的容貌啊,
怎么能去侍奉仇敌!
熄灭了的明灯啊,你在哪里?
太阳的光辉啊,你在哪里?
你眼前脚下的泥土,
是涂抹我的双眉的画笔。
请告诉我,我该去何处,
我怎能离开这眷恋之地?
莫窥视她苹果脸上的酒窝,
你会和那里的陷阱相遇!
心儿哟,你为何如此狂躁,
你要躲藏到什么地方去?
相会的日子已经过去,
但愿永留甜蜜的回忆。
多情的眼神啊,你在哪里?
深情的责备啊,你在哪里?
朋友啊,请莫对哈菲兹说:
"你现在需要宁静和休息!"
宁静和忍耐有何意义?
睡眠啊,你在哪里?

【意大利】帕拉采斯基
吕同六 译

我是谁①

有时候，一个人活着活着就会把自己活丢了。曾经有过的雄心宏愿，纷纷折戟沉沙。曾经跂而望之的挺拔身影，变成鞠躬如也的佝偻造型。忽然惊觉，自己已变成了少年时发誓最不想做的那种人，这时候，你就忍不住要问——"我是谁？"

帕拉采斯基（1885~1974），意大利诗人。

我，或许是一位诗人？
不，当然不是。
我的心灵之笔
仅仅描写一个奇怪的字眼——
"疯狂"。

我，也许是一位画家？
不，也不是。
我的心灵的画布
仅仅反映了一种色彩——
"忧愁"。

那么，我是一位音乐家？
同样不是。
我心灵的键盘
仅仅弹奏一个音符——
"悲哀"。

我……究竟是谁？

---

① 选自吕同六译《意大利二十世纪诗歌》，安徽文艺出版社，1993年版。

我把一片放大镜
置于我的心灵前
请世人把它细细地
察看。

我是谁？
——我的心灵驱使的小丑。

【俄国】柯里佐夫
朱宪生 译

我算个什么①

  这个自嘲"我算个什么"的青年农民,曾以他超人的悟性和来自底层的诗声,引起过普希金和别林斯基的关注。当他表白自己"不算个什么"的时候,其实正是表明自己"算个什么"。他以反讽的方式,表达出作为一个普通人的悲欢,一种别样的人生观——不故作高深地问:"我寻找什么?"不自寻烦恼地问:"向往什么?""我不希求知道",只是老老实实、依天顺命地活着。这样朴素的天性多么可爱,就像田里长出的庄稼:"遇上可笑的,就嘲笑一通;遇上美好的,就束手待擒;遭到不幸的事,就痛哭一场……"

  柯里佐夫(1809~1842),俄国诗人。

  我这个小不点,算个什么?
  活着,耗费心机地劳作,
  在盼望幸福中消磨光阴,
  为永远的不顺心哭泣难过!
  我寻找什么?向往什么?
  去什么地方?又配做些什么?
  有一些这样的人:他们至死
  都想把这些问题弄个明白清楚。
  可他们与我何干?让他们去吧。
  他们对一切都要认真地探究。
  我是个浅薄的人,我不是圣者,
  我需要知道的并不多;
  在高低不平的道路上,
  我像个瞎子蹒跚而行,

---

① 选自飞白主编《世界诗库》,花城出版社,1994年版。

遇上可笑的，就嘲笑一通，
遇上美好的，就束手待擒；
遭到不幸的事，就痛哭一场，
我不希求知道——我算个什么。

【美国】狄金森
江枫 译

我是无名之辈,你是谁①

人群中的主体是沉默的大多数,为这沉默的人群说话的诗人倒不在少数。

狄金森(1830~1886),美国女诗人,一生几乎足不出户,只是做做家务看看书,写了诗歌也塞进抽屉里;去世后,却被追认为自古希腊萨福以来西方最杰出的女诗人,与惠特曼比肩开创了美国诗歌的新纪元。所以,别小瞧了"无名之辈",他们只是不想做个大嗓门的青蛙,整天在虚荣的泥沼里自吹自擂。

我是无名之辈,你是谁?
你,也是,无名之辈?
这就有了我们一对!可是别声张!
你知道,他们会大肆张扬!

做个,显要人物,好不无聊!
像个青蛙,向仰慕的泥沼——
在整个六月,把个人的姓名
聒噪——何等招摇!

---

① 选自江枫译《狄金森诗选》,湖南人民出版社,1984年版。

【美国】毕肖普
蔡天新 译

寄往纽约的信①
——给路易丝·克伦

想念朋友的时候,给她写一封信,以诗代信,则是豪华的想念。我希望了解"你想做的事情你要去的地方",但我想,你大约还是老样子:半夜在城里疯狂兜风,匆忙得像是要拯救自己的灵魂。总是有事情在发生,而你追逐在事件现场的快感,其实,大多数事情你并不明白,朋友们的玩笑也让你糊涂,你只要喧闹就好,只要在场就好。就这样度过一个丰富的晚上,太阳升起,照着城市像一片金灿灿的麦田,可是你没有耕耘也没有收获,你对人间的生活并没有任何影响,因为我猜啊,这些种子不会是你撒播的。虽然这样,我还是想知道你预备做点什么。

伊丽莎白·毕肖普(1911~1979),美国20世纪最有影响力的女诗人之一,美国文学与艺术学院院士,桂冠诗人。

我希望你在下一封信里说说
你想去的地方你要做的事情
那些戏怎么样,散场以后
你还有些别的什么娱乐?

你在午夜时分搭乘出租车
匆忙得像是要拯救自己的灵魂
那里道路不断围绕着公园
计费器瞪着眼睛如垂死的猫头鹰

树木显得异常的古怪和绿
孤单地站在又大又黑的洞穴前

---

① 选自蔡天新译《美洲译诗文选》,河北教育出版社,2003年版。路易丝·克伦是毕肖普的大学女友,巴黎、纽约和基韦斯特时期的情人。她的父亲曾任马萨诸塞州州长、美国参议员,母亲是纽约现代艺术馆的首批董事。这首诗在两个人分手后所作,被作曲家南德·罗莱姆谱成曲子广为流传。

突然，你置身于另一个地方
那里事件像波浪一样接连发生

大多数玩笑你弄不明白
像石板上擦掉的几句脏话
歌声嘹亮可多少有点朦胧
天色已经黑得不能再黑了

从棕色的石头屋子里出来
你到了灰白的洒了水的人行道上
建筑物的一侧太阳会升起
像一片摇摆不停的小麦田

亲爱的，是小麦不是燕麦。我猜
这些小麦的种子不是你撒播的
无论如何我都渴望了解
你想做的事情你要去的地方

【西班牙】马查多
黄灿然 译

画　像①

诗人的自画像，自信自得。所爱的女性，必须是热爱"我"诗歌的读者，在"我"这里找到灵魂的归宿，"我爱任何在我身上找到家的女人"；对世界，"我"身上流淌着叛逆的血液，是善良者的那种坚持真我；对诗歌，"我"希望发出独一无二的声音；对人间，"我"自食其力，"我不欠你什么，而你欠我我写的东西。"那是"我"对人世的智慧奉献。

安东尼奥·马查多（1875~1939），西班牙诗人，乡村教师。

我的童年是记忆中塞维利亚的一个庭院②
和一个花园，阳光中柠檬逐渐变黄；
我的青春是卡斯蒂利亚大地上的二十年③；
我还有一些经历恕不赘述。

我不是大色鬼，也不是朱丽叶的情人④；
——我一身笨拙的衣着足以说明——
但丘比特安排给我的箭我受了⑤，
而我爱任何在我身上找到家的女人。

我身上流淌着一股左派的血液，
但我的诗来自平静的深泉。
我不是空谈家，也非世故者，
只是个地地道道的善良人。

我是谁

088

① 选自蔡天新主编《现代诗100首·蓝卷》，三联书店，2005年版。
② 塞维利亚，西班牙地名。
③ 卡斯蒂利亚，西班牙地名
④ 即罗密欧，均出自莎士比亚名剧《罗密欧与朱丽叶》。
⑤ 丘比特是罗马神话中的爱神，此行意为遇上爱情。

我崇拜美,留意当代思想,
从龙沙的花园里折来几枝老玫瑰①;
但新颖化妆品和服饰都不适合我;
我不是那种善于啁啾的鸟儿。

我不喜欢抒情的空心男高音
和蟋蟀们对月亮的合唱。
我沉默是为了将声音与回声分开,
而我在众多声音中倾听那独一无二的声音。

我是古典派还是浪漫派?谁知道。我留下的诗歌
要像战士留下他的剑,剑出名
是因为紧握它的粗大结实的手,
而不是因为骄傲的铸剑人留下的印记。

我总是跟那个与我同行的人说话②;
——自己跟自己说话的人,都希望有一天跟上帝说话——
我的自言自语相当于跟这个朋友讨论,
他教会了我爱人类的秘密。

最后,我不欠你什么,而你欠我我写的东西。
我努力工作,用我赚来的钱
买衣服和帽、我居住的房子、
养我身体的食物、我睡觉的床。

当最后告别的那一天到来,
当那艘永不返航的船准备启航③,
你会发现我在船上,轻松,带着几件随身物品,
几乎赤裸如大海的儿子。

---

① 龙沙是法国文艺复兴时期的诗人,此行指作者受过龙沙的影响。

② 指诗人的另一个自我,也可以说是诗人心目中自己的理想化的形象。由于是理想化的,故往往会严格约束诗人、督促诗人。

③ 指告别人世。

【英国】奥登
卞之琳 译

小说家①

前人以为，诗人似乎都是灵感附体的巫师，凭着天启得句；奥登却说，诗人其实应该像小说家一样，老老实实地进入俗世积累经验，高贵与污浊都是值得体验的人性故事，诗人的一生，要以脆弱之身去经受人类所有的委屈，就像经历爱情的人，必得承受爱所带来的所有俗气的病痛。浪漫主义诗人以"为世界立法"自居，现代主义诗人以"为世界受苦"自命。

奥登（1907~1973），生于英国，入籍美国。继T.S.艾略特之后称雄20世纪英语诗坛。

装在各自的才能里像穿了制服，
每一位诗人的级别②总一目了然；
他们可以像风暴叫我们怵目，
或者是早夭，或者是独居多少年。

他们可以像轻骑兵冲向前去：可是他③
必须挣脱出少年气盛的才分
而学会朴实和笨拙，学会做大家
都以为全然不值得一顾的一种人。

因为要达到他的最低的愿望，
他就得变成绝顶的厌烦，得遭受

---

① 选自蔡天新主编《现代诗100首·蓝卷》，三联书店，2005年版。
② 这里的"级别"（rank，军阶之意）和上一行的"制服"（uniform）均带有军事含义，和下文的"轻骑兵"（hussar）相呼应。作者借这类暗含军事意味的词语喻示"他们"（挥霍才华的诗人们）像军队一样纯粹依照迷信中的"天赋"划分级别，像军队一样傲慢，在无上的荣耀中招摇过市。
③ 此处的"他"是指与"他们"不同的写作者，"他"的写作不依仗天生的才能并且懂得内敛之道，"他"更像是一个小说家，历经世俗百态，在隐忍中锤炼写作的奥义。

俗气的病痛,像爱情;得在公道场

公道,在龌龊堆里也龌龊个够①;
而他自己脆弱一生中,他必须
尽可能忍受人类所有的委屈。

---

① 这一句堪称绝译,充分表达了作者的理想化的立场:一个现代诗人为了使写作更富有穿透力和包容力而在面对世俗生活时必须具有的面具化的参与意识。

【中国】余光中

寻李白①
——痛饮狂歌空度日
　　飞扬跋扈为谁雄

　　人间有一些杰出的灵魂，像灿烂的星辰，散布在人类的精神空间，以神秘的幽光，吸引着其他息息相通的灵魂。超越时间和空间，人们寻求知音，寻求自己渴慕的灵魂，寻求与自己相似的灵魂。因为这些人杰的存在，我们在人间就不那么孤独。而我们也需要借助他们的星光，沐浴我们的生命。

　　这一天，蜗居台湾岛上的诗人余光中（1928年生），对千年前的另一位诗人李白害起了相思。李白的"水晶绝句轻叩我额头"，哪里去找你那只小酒壶，容"我"沉醉于相同的豪情？让高力士脱靴、杨贵妃研墨，那不过是小意思，偏让世人传得沸沸扬扬。皇宫岂不也是一个酒家，让你以诗换酒？别人"酒入愁肠，化作相思泪"，而你，"酒入豪肠，绣口一吐就半个盛唐"。你的疆域比唐明皇的宽广。爱酒，所以水遁；爱月，所以水中捉月；人生太短，所以寻仙；世界太小，所以活在传说里。而一个人最终的故乡是什么？就是后人的记忆。

　　　　那一双傲慢的靴子至今还落在
　　　　高力士羞愤的手里，人却不见了
　　　　把满地的难民和伤兵
　　　　把胡马和羌马交践的节奏
　　　　留给杜二去细细地苦吟
　　　　自从那年贺知章眼花了
　　　　认你做谪仙，便更加佯狂
　　　　用一只中了魔咒的小酒壶
　　　　把自己藏起，连太太也寻不到你

---

① 选自余光中《与海为邻》，上海文艺出版社，1999年版。

怨长安城小而壶中天长
在所有的诗里你都预言
会突然水遁,或许就在明天
只扁舟破浪,乱发当风
——而今,果然你失了踪
树敌如林,世人皆欲杀
肝硬化怎杀得死你?
酒入豪肠,七分酿成了月光
余下的三分啸成剑气
绣口一吐就半个盛唐
从开元到天宝,从洛阳到咸阳
冠盖满途车骑的嚣闹
不及千年后你的一首
水晶绝句轻叩我额头
当地一弹挑起的回音

一贬世上已经够落魄
再放夜郎毋乃太难堪
至今成谜是你的籍贯
陇西或山东,青莲乡或碎叶城
不如归去归哪个故乡?
凡你醉处,你说过,皆非他乡
失踪,是天才唯一的下场
身后事,究竟你遁向何处?
猿啼不住,杜二也苦劝你不住
一回头囚窗下竟已白头
七仙,五友,都救不了你了
匡山给雾锁了,无路可入
仍炉火未纯青,就半粒丹砂
怎追蹑葛洪袖里的流霞?

樽中月影,或许那才是你故乡
常得你一生痴痴地仰望?
而无论出门向西哭,向东哭
长安却早已陷落

这二十四万里的归程
也不必惊动大鹏了,也无须招鹤
只消把酒杯向半空一扔
便旋成一只霍霍的飞碟
诡绿的闪光愈转愈快
接你回传说里去

1980年4月

【苏联】叶夫图申科
飞白 译

世上每个人都特别有意思①

世界上每个人都特别有意思，因为每个人都是一个世界。那些平凡的人，全有一个不平凡的世界——自己的初雪和日出，自己的初吻和相思，自己的爱恨情仇，自己的秘密国土。因而，一个人的离去，带走的是一个世界。请慎重书写你的世界史。

叶夫图申科（1933~2017），苏联诗人。

世上每个人都特别有意思。
他们的命运就像行星的历史。
每颗星有自己独有的一切，
星际再也没有类似的世界。

如果有人一辈子都很平凡，
而且和平凡生活相处甚安，
那么他的这种不引人注目
正是他在人间的有趣之处。

每人都有他个人的神秘世界。
这世界有他最美好的时节。
这世界也有最可怕的瞬息，
可是这都不会为我们知悉。

如果一个人死去，与世永诀，
随着他，死去了他的第一场雪，
他的第一个吻，第一场战斗……
这一切都将被他随身带走。

---

① 选自飞白主编《世界诗库》，花城出版社，1994年版。

不错，留下了桥梁留下了书，
留下了机器留下了画幅，
不错，有不少东西留在人间，
但总还是有东西一去不返！

这就是这场残酷游戏的规律。
并非人死去，而是世界死去。
我们记得这些有过失的凡人，
可我们何曾当真了解他们？

我们何曾了解兄弟了解知己，
我们何曾了解唯一的爱侣？
哪怕是我们自己的家父
我们所知虽全，所知等于无。

人们一一离去……不可挽回。
他们的神秘世界都永不复归。
就因为这一切的一去不返。
每次都逼得我要放声呼喊。

【法国】福兰
梓夫 译

天 籁①

走在路上的人，衣袋里叮当作响的钥匙，是他联系世界的多条线索，进入生活的可靠的通行证；而一脚踢开的旧铁罐，在结冰的路上，"滚动着它的空和冷"——在群星之下，孤零零的"空和冷"的人啊，在地球上彷徨无依。

让·福兰（1903~1971），法国诗人，做过律师，诗歌以简洁空灵取胜。

他走在结冰的路上，
衣袋里钥匙叮当作响，
无意中，他的尖头皮鞋
踢到了一只旧罐子
的筒身
有几秒钟，它滚动着它的空与冷，
晃了几晃，停住了，
在满缀星星的天空下。

---

① 选自蔡天新主编《现代诗100首·蓝卷》，三联书店，2005年版。

【美国】弗罗斯特
顾子欣 译

未选择的路①

　　一片树林里分出两条路，两条路都很诱人，两条我都想走，可惜只能走其中一条。另一条留待下次吧，谁知道有没有下次。我选择了人迹罕至的一条，此去的道路一去不回头，千差万别由此而起，我的人生从此不同。这是一首广为传诵的诗，语言明晰、寓意鲜明，很能扣住读者的脉搏，刺激人的心跳和游思。生存，就是选择。大到信仰、职业、事业、交友、恋爱、婚姻，小到穿衣吃饭、坐车走路、读书游乐、说话写字。我们时时刻刻在选择，而且不知道哪一个微小的选择就决定了我们的人生道路。我之所以成为这样的我，就是一系列自我选择的结果。别无选择的时候渴望选择，有所选择的时候又左右为难，选择的不自由和选择的自由都让人痛苦。然而，我们还是要在痛苦中选择，选择自己的人生之路。

　　弗罗斯特（1874~1963），一个20世纪的田园诗人，广泛受到读者的喜爱。年轻时做过纱工、皮匠、教师和记者，后入读哈佛大学，两年后自愿回家种地。移居英国时以诗得名，回美后成为诗坛领袖。他表示不愿像一个"诗人"那样写诗，而要像一个农民那样从事写作，并认为诗应该"以欢乐开始，以智慧终结"。

　　　　黄色的树林里分出两条路，
　　　　可惜我不能同时去涉足，
　　　　我在那路口久久伫立，
　　　　我向着一条路极目望去，
　　　　直到它消失在丛林深处。

　　　　但我却选了另外一条路，
　　　　它荒草萋萋，十分幽寂，

---
① 选自诗刊社编《世界抒情诗选》，春风文艺出版社，1983年版。

显得更诱人、更美丽；
虽然在这两条小路上，
都很少留下旅人的足迹；

虽然那天清晨落叶满地，
两条路都未经脚步污染。
啊，留下一条路等改日再见！
但我知道路径延绵无尽头，
恐怕我难以再返回。

也许多少年后在某个地方，
我将轻声叹息将往事回顾：
一片树林里分出两条路——
而我选了人迹更少的一条，
从此决定了我一生的道路。

【德国】海涅
冯至 译

我的心,你不要忧悒①

心理学告诉我们,自我暗示对人的影响效果惊人,可以改变你的情绪、心境乃至身体。在烦恼琐碎的日子里,良性的自我暗示将呵护你生活的激情。大声读一首美丽的励志的诗,也是一种良好的自我暗示。

海涅(1797~1856),享誉世界的德国诗人。

我的心,你不要忧悒,
把你的命运担起。
冬天从这里夺去的,
新春会交还给你。

有多少事物为你留存,
这世界还是多么美丽!
凡是你所喜爱的,
我的心,你都可以去爱!

---

① 选自华宇清编撰《金果小枝——外国历代著名短诗欣赏》,黑龙江人民出版社,1982年版。

【俄国】普希金
查良铮 译

假如生活欺骗了你[1]

忍耐并且希望,是对付挫折的良药,因为时间这个魔术师会治疗一切,"那逝去的将变为可爱"。普希金开的药方挺灵验的,你不妨一试。

假如生活欺骗了你,
不要忧郁,也不要愤慨!
不顺心的时候暂且容忍:
相信吧,快乐的日子就会到来。

我们的心永远向前憧憬,
尽管活在阴沉的现在:
一切都是暂时的,转瞬即逝,
而那逝去的将变为可爱。

---

[1] 选自查良铮译《普希金抒情诗选集》,江苏人民出版社,1982年版。

【英国】斯特朗
薛菲 译

给生活以时间[1]

再来一首主题和语调都和前面两首相似的诗。自我激励不怕多，好心情不怕多——相对于源源不断的烦恼，让人喜悦的诗不怕多，那么，再来一首——给生活以时间，给自己以时间。

别难受，当厄运对你拉长了脸，
凭眼前的一切并不就能得出结论啊，
假如你愿意等待，怀抱着信念，
你将得到应有的回答，给生活
以时间，纺出你看不见的生命之线。

一切努力都为了追求那事物内在
美的实现，千万别丢了理想，
丢了信念，要坚信，一切都是为了
更美好的未来。别催促上帝的安排，
给生活以时间，去把理想实现。

---

[1] 选自华宇清编撰《金果小枝——外国历代著名短诗欣赏》，黑龙江人民出版社，1982年版。

【芬兰】索德格朗
北岛 译

玫 瑰[①]

天下者，乃天下人之天下。这世界，当然有我的一份。为了让我的世界变得美丽，我要向每个人抛撒玫瑰——用我的诗句，把大理石的耳朵软化。痛苦算什么？不幸算什么？全在我心里冰消雪化，而流淌出来的，就成了春水融融的赞歌，我已经能够把痛苦歌唱。

索德格朗（1892~1923），芬兰女诗人。一生贫寒多病，婚姻不幸，典当衣物以换取写作用的纸笔。

> 这世界属于我。
> 无论走到哪里，
> 我都要向每个人抛撒玫瑰。
> 艺术家爱每只听到他的话的
> 　　大理石耳朵。
> 痛苦、不幸，对于我是什么？
> 一切轰隆倒下：
> 我歌唱。
> 于是从幸福的胸膛里升起痛苦
> 　　那伟大的赞歌。

[①] 选自北岛译《北欧现代诗选》，河北教育出版社，2004年版。

【马耳他】安东·布蒂吉格
冰心 译

假如你只剩下六分钱[①]

当你的生活陷入危机,当你的情绪面临绝境,就像一个穷人,口袋里只剩下几个可怜的硬币。这时候,你依然要活着,活着并且怀抱希望。面包会有的,水仙花会有的,如果你挺过来了,你就在经历这样一种美妙的人生境界——"行到水穷处,坐看云起时"。

安东·布蒂吉格,1976年至1981年任马耳他共和国总统,诗人。

朋友,
如果你口袋里只剩下六分钱,
就用三分钱给你自己买一块面包;
用其余的钱买一把芬芳的
会使你充满了新的希望的
水仙花。

[①] 选自安东·布蒂吉格《燃灯者》,冰心译,人民文学出版社,1981年。

【英国】太息蒙
杨宪益 译

人几乎能够[1]

用分解时间的方法来分解空间,这是哲学问题还是数学问题?诗人说你可以做到,那这就是你的问题了。请你慢慢地品尝生活,让你的感官像一个初生的婴儿,一点一点地体验生命的奇迹。那个把生命之花托在掌心的手势,需要你释放巨大的柔情。

你难道不觉得,
你难道不觉得,或者
用更多一点的时间,忍耐,
人能把时间的条缕分解。
故意局部地慢慢地欣赏,
分出头绪,分出这样那样,
譬如观察人所践的寸土,
或触一叶一响,己身一部,
不抓住,不碰伤,而要轻轻
用指尖,眼尖,耳尖,不太近,
拿起生命,放在手心当中,
四围温暖,寂寂的不透风,
卧着不动,只轻轻地摇荡,
一点,一点,展开在人手上,
人能观察宇宙的横切面,
用再多一点忍耐和时间。

---

[1] 选自杨宪益译《近代英国诗钞》,人民文学出版社,1983年版。

【英国】莎士比亚

卞之琳 译

活下去还是不活：这是个问题①
（哈姆雷特独白）

　　世界上总有这么一些自寻烦恼的傻瓜，把自己逼到死角里思考人生，而奇怪的是，这些傻瓜都成了诗人。逼到死角的思辨，大约像是将士的背水一战，往往置之死地而后生，在绝境中迸发出人性的辉煌。

　　"活着还是死去"，这也成了问题？是的，当一个人对怎么活产生大疑惑的时候，对该不该死去就有了疑问的理由。看哈姆雷特如何自我折磨——死，就是睡眠，正好一了百了；可是睡眠也许要做梦，这就麻烦了！死后也不得安宁。谁甘心在不公正的世间受苦受难？可谁又知道死亡的国度会有些什么磨难？是忍受已知的人间的苦难，还是奔赴那死后未知的苦难？唉，两难的顾虑使我们都成了懦夫。许多华丽的辞藻掩盖了一个简洁的疑问，把它变得繁复玄虚，恰好表现了哈姆雷特延宕迟疑的性格。人们通常把古希腊的悲剧归结为命运的悲剧，而把莎士比亚的悲剧归结为性格的悲剧。不错，性格就是命运。莎士比亚还说过："思虑过多，生活将失去乐趣。"

　　莎士比亚（1564~1616），世界文化巨匠，英国戏剧家、诗人。

活下去还是不活：这是个问题。
要做到高贵，究竟该忍气吞声
来容受狂暴的命运矢石交攻呢，
还是该挺身反抗无边的苦恼，
扫它个干净？死，就是睡眠——
就这样；而如果睡眠就等于了结了
心痛以及千百种身体要担受的
皮痛肉痛，那该是天大的好事，

---

① 选自卞之琳译《英国诗选》，湖南人民出版社，1983年版。

正求之不得啊！死，就是睡眠；
睡眠也许要做梦，这就麻烦了！
我们一旦摆脱了尘世的牵缠，
在死的睡眠里还会做些什么梦，
一想到就不能不踌躇。这一点顾虑
正好使灾难变成了长期的折磨。
谁甘心忍受人世的鞭挞和嘲弄，
忍受压迫者虐待、傲慢者凌辱、
忍受失恋的痛苦、法庭的拖延、
衙门的横暴，做埋头苦干的大才
受作威作福的小人一脚踢出去，
如果他只消自己来使一下尖刀
就可以得到解脱啊？谁甘心挑担子，
拖着疲累的生命，呻吟，流汗，
要不是怕一死就去了没有人回来的
那个从未发现的国土，怕那边
还不知会怎样，因此意志动摇了，
因此就宁愿忍受目前的灾殃，
而不愿投奔另一些未知的苦难？
这样子，顾虑使我们都成了懦夫，
也就这样了，决断决行的本色
蒙上了惨白的一层思虑的病容；
本可以轰轰烈烈的大作大为，
由于这一点想不通，就出了别扭，
失去了行动的名分。

【美国】朗费罗
查良铮 译

人生礼赞①
——年轻的心对歌者②的宣告

  在我们的青春年华，要为自己奏响这样明明白白的人生进行曲。年轻的心跳，需要用这铜管乐演奏的铿锵乐章来伴奏。听，世界是一片辽阔的战场，人生是到处扎寨安营。我们命定的道路，不是享乐，也不是受苦，而是行动，是每个明天，比今天走得更远。面对未来，对任何命运都敢于担待。这是新大陆的诗人独有的豪情，适合所有青春的口味，在他们（年轻的诗人和年轻的读者）面前，世界仿佛是昨天才被创造出来。

  朗费罗（1807~1882），美国诗人，主要作品有长诗《海华沙之歌》等。

  别对我，用忧伤的调子，
    说生活不过是一场梦！
  因为灵魂倦了③，就等于死
    而事情并不是表面那样。

  生是真实的！认真的活！
    它的终点并不是坟墓；
  对于灵魂，不能这么说：
    "你是尘土，必归于尘土④。"

---

① 选自邵鹏健编《外国抒情诗歌选》，江西人民出版社，1980年版。标题为编者所拟，原题"生之礼赞"。《人生礼赞》是朗费罗第一篇著名的诗作，是在1838年匿名发表的，它被誉为"真正美国心脏的跳动"。当时反蓄奴的文化战士与民主诗人惠蒂尔在他刚一发表后，就如此评论道："我们不知道作者是谁，但他或她绝不是等闲之辈，这九节单纯的诗比雪莱、济慈和华兹华斯等人所有的梦想加在一起都值得多。这篇诗是呼吸着、充沛着我们今天的时代精神的——它是一个有为的世纪的精神蒸汽机。"

② 歌者：此处"歌者"，有影射《圣经》中《诗篇》的作者大卫之意，但也可解释为诗人自己对自己的宣告。

③ "灵魂倦了"："倦了"有"怠惰"的意思。

④ "你是尘土，必归于尘土"：这是耶和华对亚当说的话，见《旧约·创世记》。

我们注定的道路或目标
　　　　不是享乐，也不是悲叹；
而是行动，是每个明朝
　　　　看我们比今天走得更远。

艺术无限，而时光飞速；
　　　　我们的心尽管勇敢、坚强，
它仍旧像是闷声的鼓，
　　　　打着节拍向坟墓送丧。

在世界的广阔的战场上，
　　　　在"生活"的露天营盘中，
别像愚蠢的、驱使的牛羊！
　　　　要做一个战斗的英雄！

别依赖未来，无论多美好！
　　　　让死的"过去"埋葬它自己！
行动吧！就趁活着的今朝，
　　　　凭你的心，和头上的上帝！

伟人的事迹令人冥想
　　　　我们都能使一生壮丽，
并且在时间的流沙上[①]，
　　　　在离去时，留下来踪迹——

这踪迹，也许另一个人
　　　　看到了，会重又振作，
当他在生活的海上浮沉
　　　　悲惨的，他的船已经沉没。

因此，无论有什么命运，
　　　　不要灰心吧，积极起来；
不断地进取，不断前进，
　　　　要学会劳作，学会等待。

[①] "沙"：指古代计时用的沙漏中的沙粒。"时间的沙"指人类的历史，从下一节诗来看，这里的"沙"又可解释为"人生大海"岸边的沙滩。

【阿根廷】博尔赫斯
陈东飚 译

雨①

突然而至的雨照亮了黄昏,绵绵雨丝引人情思,多么熟悉,这雨也曾落在过去,过去的某个时刻,幸福曾如玫瑰绽放;这雨必定会落在郊外,我记忆中的一个庭院,洗亮我家的黑葡萄,葡萄树下,父亲的声音照常传来,他没有离开,他随着守约而来的细雨一同归来。

博尔赫斯(1899~1986),阿根廷诗人、作家,可能是20世纪最杰出的西班牙语作家。

突然间黄昏变得明亮
因为此刻正有细雨在落下。
或曾经落下。下雨
无疑是在过去发生的一件事。

谁听见雨落下,谁就回想起
那个时候,幸福的命运向他呈现了
一朵叫作玫瑰的花
和它的奇妙的,鲜红的色彩。

这蒙住了窗玻璃的细雨
必将在被遗弃的郊外
在某个不复存在的庭院里洗亮

架上的黑葡萄。不潮湿的暮色
带给我一个声音,我渴望的声音,
我的父亲回来了,他没有死去。

---

① 选自陈东飚译《博尔赫斯诗选》,河北教育出版社,2003年版。

【美国】李立杨
蔡天新 译

独自进餐①

  我在准备晚餐，天气寒凉，菜园荒芜，枫树上的耀眼光辉消失得很快，就像一个红衣主教转身就不见了。谁给这片土地带来祝福？犹记得几年前，父亲和我散步，看见一只大黄蜂迷醉在烂梨中；父亲不在了，但今天早晨，我明明看见他在树上向我招手，而树底下，斜放着的铁锹，就像父亲刚刚使用过的样子。父亲的确不在了，我的晚餐熟了，只剩我孤零零独自进餐；父亲不在了，他睡着了像一条白雪覆盖的道路，而我年纪轻轻，剩下的路还很漫长，我只能独自走去，还能再要求什么？

  李立杨（1957年生），华裔美国诗人。生于印尼，母亲是袁世凯的孙女。20世纪50年代出生的美国最好的诗人之一。

  我把今年幼小的洋葱全给扒拉出来了。
  菜园子里此刻一片荒芜。寒冷，
  褐色，古老的土地。在我的视野里
  白天枫树上耀眼的光辉没留下什么。
  我转身，一个红衣主教消失了。
  在地窖的门边，我洗着洋葱，
  然后用冰凉的金属塞子饮酒。

  几年以前，有一次，我走在我父亲身旁
  穿过一些被风吹落的梨子。我记不起
  我们说过的话。也许只是默默地散步。但
  我依然能看见他弯腰的样子——左手撑着
  膝盖，咯吱作响——把一只腐烂的梨
  捡起来拿到我跟前。一只大黄蜂在里面

---

① 选自蔡天新译《美洲译诗文选》，河北教育出版社，2003年版。

正醉心地抽旋,目光呆滞,猛吸果汁。

那是我的父亲今天早晨
从树上向我招手。我差点
喊了他,直到我走近了
才看见那把铁锹,像从前一样
斜放着,忽隐忽现,呈深绿色。

白米饭正在冒汽,快要熟了。嫩绿的豌豆
和洋葱已炒好。小虾炖在芝麻油
和大蒜里。而我孤零零的一个人。
我,年纪轻轻,还能再要求什么。

【英国】爱德华·托马斯
黄灿然 译

布朗文①

天下疼爱女儿的父亲啊，总是比爱儿子多一分温存。这一位，希望能送女儿一座农庄，花朵般的女儿，理应让她在大地上依时开放的鲜花中安居。父亲预备奉送的岂是财富，而是比财富更可人的生活方式。如果女儿能够享受这种生活方式，"租金"免收，鲜花、农庄、山谷、幸福的好日子，全部奉送。

爱德华·托马斯（1878~1917），英国杰出诗人，在短暂的两年多创作生涯中写出143首诗歌，篇篇精彩。死于一战。

如果我有机会富起来，
我将买下考德庄、雄鸡墩和公子沟，
玫瑰坪、热谷和饮水滩，
再把它们全部租给大女儿。
我要她付的租金，将只是
每年最早开的堇菜花，洁白又孤单，
最早开的报春花和玉凤花——
即是说，她得比我先找到它们。
然而，如果她见到荆豆丌满花，
她可分文不付永远拥为己有，
考德庄、雄鸡墩和公子沟，
玫瑰坪、热谷和饮水滩——
我会把它们送给大女儿。

---

① 选自蔡天新主编《现代诗100首·红卷》，三联书店，2005年版。

【瑞士】黑塞
钱春绮 译

幸福的时刻①

  一般人习惯用视觉记忆事物，普鲁斯特《追忆逝水年华》中有著名的味觉记忆的例子（"小玛德兰点心"）。这里，黑塞展示了一个嗅觉记忆的例子，诉说他体验到的母爱的芬芳。满园子荡漾着草莓的清香，那是母亲特有的芬芳。母亲好像就要穿过庭园走来，我像个孩子一样静静等待。浪掷掉的一切，都因为母亲的出现，可以推倒重来。我又站在人生的起点，面前是一个未曾涉足、未曾错过的丰富世界。我轻轻地待在那香气里，深深地依恋那幸福的时刻。母爱的芬芳，让人回归童年。

  黑塞（1877~1962），原籍德国，后入籍瑞士，人称"浪漫派的最后一位骑士"。1946年因"从各方面展示古典的人道主义"而获诺贝尔文学奖。作品有《荒原狼》《玻璃球游戏》等。

园中的草莓如火如荼，
到处闻到甜蜜的清香，
我觉得，好像必须等待。
我的母亲马上就会
穿过绿色的庭园走来。
我觉得我好像是个小孩，
我所浪掷的、错过的、
输掉的、失去的一切，
都像是一场春梦。
在庭园的宁静之中，
丰富的世界在我面前展开，
一切都被赠与给我，
一切都属于我。

---

① 选自钱春绮译《黑塞抒情诗选》，百花文艺出版社，1989年版。

我迷迷糊糊地伫立着，
不敢移动一步，
生怕那香气会跟我的
幸福的时刻一同散去。

【捷克】塞弗尔特
星灿 劳白 译

窗 旁①

　　穿过春花，穿过冬雪，母亲总是泪水涟涟；在我们快乐的时候，在我们痛苦的时候，母亲总是在我们身边，伴着我们泪水涟涟。如果要问：为什么母亲的眼中常含着泪水？不如去问：为什么大地上总有春花秋月？
　　塞弗尔特（1901~1986），捷克诗人，1984年以"表现了人的不屈不挠精神和多才多艺的渴求解放的形象"获诺贝尔文学奖。

春来了，路边的树儿
迎着春光开了花。
妈妈静默无声，
脸朝窗外，泪珠儿滚滚淌下。
"你为何哭泣，为何悲伤？
告诉我，你这般难过为什么？"
"我会告诉你的，会告诉你，
等到有一天，树儿不再开花。"

雪纷飞，冰霜冻在
玻璃窗上。
窗外一片阴沉，
妈妈无声地编织着什么，
两眼噙着泪花。
"你为何哭泣，为何悲伤？"
"我会告诉你的，会告诉你，
等到有一天，不再大雪茫茫。"

---

① 选自塞弗尔特《紫罗兰》，星灿等译，漓江出版社，1997年版。

【意大利】帕佐里尼
钱鸿嘉 译

祈求母亲①

儿子与母亲的关系真是奇妙（女儿与父亲也一样）。按弗洛伊德的理论，做儿子的都有恋母情结（女儿有恋父情结），母亲，是儿子的第一个"情人"。当儿子长大成人，度过心理断乳期，他要求独立，自己去寻找爱情，他需要另一个相亲相爱的女人。这时候，儿子就会"祈求母亲"——这是双重的祈求——一面祈求母亲放开怀抱，让自己去拥抱新鲜的爱情；另一面，祈求母亲好好活着，不要撇开儿子死去，这又意味着儿子在祈求母亲永远不要松开怀抱。这是真切的矛盾，母子之爱是天然义务，男女之爱是生命激情，两者缺一不可。儿子与母亲的角色在微妙地转变，一方不是另一方的"爱的奴隶"，却永远不能割断爱的维系。

帕佐里尼（1922~1975），意大利诗人、电影导演。

任何违心的话语，
做儿子的实在很难说出。

世上只有你一人知道，我的心里
在任何别的情爱面前，经常想什么东西。

因此，我应当告诉你一些可怕的事实：
我的痛苦，产生于你的仁慈。

你是不能代替的。正因为如此，
你赐给我的生命注定寂寞无比。

可我不愿寂寞。我渴望爱情，
渴望肉体之爱，而没有灵魂。

---

① 选自飞白主编《世界诗库》，花城出版社，1994年版。

因为灵魂在你里面,这就是你,
可是您是我的母亲,你的爱就是我的奴隶。

我度过童年,屈膝于这种高尚的、不可救药的
情操之中,屈膝于一种巨大的义务里。

这是体味生活的唯一途径,唯一色调,
唯一的形式,现在——已经完了。

我们侥幸地活下来,在生命
越出理智而新生的一片混乱之中。

我祈求您,唉,祈求你,别死去。
我在这儿,单独与您在一起,在未来的四月……

【爱尔兰】希尼
吴德安 译

出 空①
——纪念M.K.H（1911~1984）②

母亲去世，带走了家，儿子成了人间的浪子。在一首诗中，母亲的一生，就是一些细节，令做儿子的刻骨铭心的细节——"别掉面包渣"的叮嘱，两人削土豆时的默契，我故意发音错误以配合母亲的方言，晾晒床单时手的触碰，教堂中的同声歌唱赞美诗，临别时的场面等等，作者悠悠诉说，把感情控制在平易的字面，而儿子与母亲的感情演进却历历在目。诗人所追求的在每一首诗中有一些"小小的惊喜"出现了——手的触碰的微妙心情，传达了日常生活中的温情；母亲临走时把头转向我，呼吸相融的亲密体验，则是生命意志的传承；树被砍伐和心的出空的比喻，都令人难忘。

希尼（1939~2013），爱尔兰诗人。以清新的口语表达爱尔兰农村生活，诗歌以精确的细节描写取胜。1995年以"从日常生活中提炼出神奇的想象，并使历史复活"获诺贝尔文学奖。

她教给我的，她叔叔曾教过她③：
劈开那最大的煤块是多么容易
如果你找到纹理和下锤的正确角度。

松快而迷人的敲击，
吸收并消除了回声，

---

① 选自吴德安等译《希尼诗文集》，作家出版社，2001年版。"出空"（clearances）是爱尔兰的一个历史名词，原意为"逐出出租地或租屋"，特指19世纪爱尔兰地主把不缴租的农民赶出租屋、烧毁房子。诗人感到母亲去世后失去了家，就如被赶出家门一样。

② M.K.H为希尼的母亲玛格丽特·希尼（Margaret Kathleen Heaney）。这是一组为纪念母亲而写的十四行诗。

③ 此段开头引诗用的是三行诗节押韵法（terza rima），源于意大利，系但丁在《神曲》中所用。这种形式强调母亲在诗人生活中兼有教师、样板和诗神的角色，是他生命中实践启迪之力。

教我劈击,教我放松,

教我在锤和煤块之间
勇于承担后果。她的教诲现在我仍在听,
在黑煤块背后击打出富矿。

1

一百年前扔出的一块鹅卵石
不断在我面前出现,这第一块石头
瞄准过曾外祖母背叛的眉间①。
小马颠簸行进骚乱在继续②。
她在小马车里低低蹲着
经受夹道鞭打,那是第一个星期天③
她乘一驾惊慌失措的马车,下斜坡去做弥撒。
他挥鞭穿过镇子,人们追着他高喊"朗第"④

称她"叛教者","与异族通婚的新娘"。
总之,这是风俗画的一个场面
由我母亲一方继承。
现在她已故去,留给我处置的
不是银器和维多利亚时的饰带,
而是这块赦免着和被赦免的石头。

2

擦亮的地板闪着光,黄铜水龙头闪着光⑤。
瓷杯又大又白净——
一套完整的瓷具带有奶盂和糖缸。

---

① 此段写诗人的曾外祖母为坚持自己的信念而不怕牺牲。

② 诗人的曾外祖母嫁给天主教徒被视为背叛了自己清教的教规,因而遭石头打。"骚乱"指她去天主教堂那天双方对打。

③ 指她第一次去天主教堂做弥撒的那个星期天。

④ "朗第"是17世纪爱尔兰德瑞州州长,因开城门迎接杰姆斯王入城而被视为叛徒。他的名字也变得与"叛徒"同义。

⑤ 此节写诗人想象中死去的母亲回到外祖父家。

茶壶呼啸着。茶点和三明治
被得体妥当地呈上。为防止融化
黄油必须避开阳光。
别掉面包渣。别翘椅子。
别伸手,别指指点点。搅茶的时候别弄出声响①。

那是死地,新街五号,
外祖父正起身离座
推一推秃头上的眼镜
欢迎糊里糊涂回家的女儿
而她甚至没来得及敲门。"这是怎么啦?这是怎
　　么啦?"②
他们一起在光亮的屋里坐下。

3

当其他人都去了教堂做弥撒
我们在一起削土豆,我完全属于她。
它们打破沉默,一个接一个落下
就像焊锡在烙铁上滴落:
凉凉的舒适安放在我们中间,可分享之物
在桶中的清水里闪烁。
再次让土豆跌落,彼此溅起的
点点欢快水花总是唤起我们的感觉。

当教区的牧师来到她的床边
全力以赴为死者祷告
有些人跟着祈祷有些人在哭泣
我记起她的头曾转向我的头,
她的呼吸融入我的呼吸,我们流利削剜的刀——
一生中从来也没有过如此亲密。

---

① 此两句引母亲命令,让他做一切要有序。
② 这是诗人外祖父常用的口头语,此表示惊讶女儿的到来,女儿则不知怎么回到了父亲家。

4

害怕做作反使她不自然
那些力所不及的词,她
总也读不确切。伯托德·布雷克①。
她会弄得五音不全走了调
次次如此,好像她要用
过分修正一个词的发音来
掩盖她的走调和五音不全。
更多地出于挑战而非自尊,她常对我说:"你
懂得所有他们那些玩意儿。"因此我在她面前
得管好自己的舌头,一种名副其实的
矫枉过正掩盖了
我实际拥有的知识。我会说"naw"和"aye"②
并有分寸地故意用错
语法,这使我们保持同盟而非对峙③。

5

那刚从晾衣绳上取下的床单的凉感
让我觉得它必定还有些潮湿
但当我捏住亚麻床单一头的两个角
和她相对着拽开,先拉直床单的边
再对角将中心拉平,然后拍打抖动,
床单像船帆在侧风中鼓涌
发出干透了的啪啪声。
我们就这样拽直,折起,最后手触到手
只有一刹那就好像什么事也没有发生
没有任何异乎寻常的事发生
日复一日,只是碰触然后分开
踌躇不前,又再次接近。

---

① "伯托德·布雷克"(Bertold Brek)应为"贝托特·布莱希特"(Bertolt Brecht,1898~1956),德国著名剧作家。
② "naw"、"aye"故意发错的"no"、"yes"的音。
③ "对峙"(at bay)指猎物被赶进角落时与猎人对峙的情况。

在移动中我是X她是O①。
写在她用面粉袋缝制的床单中。

6

复活节的第一波狂热
我们的《儿子和情人》状态②
在圣周的庆典中达到高潮。
午夜的火光。复活节的烛台。
手肘碰着手肘,在挤满人的
教堂中彼此能紧挨着跪在一起
让我们高兴,我们跟随牧师念经文
和红字部分,为圣水器祈福。
"我的灵魂就像雌鹿渴望着溪水",③
浸圣水。用毛巾擦干。圣水上喃喃低语。
那水混合着圣油和食油。
祭瓶丁丁当当。正规的甩熏香和
赞美诗作者的歌词被自豪地接纳④。
"日日夜夜我的眼泪就是我的面包。"⑤

7

最后几分钟他对她说的话
几乎比他们一辈子在一起都多。
"星期一晚上你将会回到纽罗⑥
我会来接你,当我进门时
你会高兴……对不对?"

---

① X、O系一种两人对局的儿童游戏(tick-tack-too)中的两个字母。

② "圣周"(Holy Week)是复活节前的一周。《儿子和情人》(Sons and Lovers)是英国作家劳伦斯(D.H.Lawrence)的小说,1913年出版,叙述有关儿子和母亲间亲密友情的故事。

③ 此两句引自《诗篇》第42章第1和第3行。

④ "赞美诗作者"指《诗篇》(The Book of Psalms)作者大卫。

⑤ 此两句引自《诗篇》第42章第1和第3行。

⑥ "纽罗"(New Row)是她父亲居住的地方。以下她丈夫说的话指他会像回到他们结婚前一样去她父亲家接她回家。

他的头俯向她被托起的头。
她已听不见我们却欣喜若狂。
他叫她"好人"和"小姑娘"。当寻找脉搏的努力
归于徒然,围着她的我们
都明白:她已撒手归去
我们环立的空间已然空寂
她进入我们内心长存,那是被穿透的
出空,突然出现的空地。
高扬的哭声被砍伐,一种已然发生的纯粹变化[①]。

8

我想在一个空间转着圈行走
空空荡荡,出自同一个源头
在那里被砍倒的栗子树已失去它
在我们屋前香罗兰树篱中的立身之地。
白色的花栗鼠跳着,跳着,蹿向高处。
我听到斧头特异而准确的砍伐声,树的断裂声,叹息声
曾经那么繁茂的树
从震撼的树梢开始全被摧毁。
深深植根的树早已死去,与我同年的
栗子树从一个广口瓶移入一个坑里,
它的魁伟和沉默变成无可存身的光明,
一个灵魂在分蘖直到永远
沉默,在沉默之外倾听[②]。

[①] 此处隐喻母亲的死就如下一段描写的诗人童年时栽种的一棵栗子树被砍伐了一样,二者都是家的象征。
[②] 诗人反对迷信说法,认为死去的人和树不可能再说什么。

【苏联】阿赫玛托娃
飞白 译

祖国土①

把家扩大,就是祖国。人们生于斯、死于斯的一片土地,平时不会在意,它只是我们鞋上的污泥、齿间的沙砾,微贱、平凡,但是它容纳了我们的一切苦难和喜乐,它融解了我们祖先的骨殖,它也将把我们搂进怀里。这,就是我们的土地。从土地的角度来歌咏祖国,立意别致,感情深厚。

阿赫玛托娃(1889~1966),苏联女诗人,人称"俄罗斯诗歌天空中的月亮"。早期的"室内抒情诗"以"巫性思维"窥测人性,晚年将自己定位为"尘世的圣母",一生持续表达对人的终极关怀和爱。

我们不用护身香囊把它带在胸口,
也不用激情的诗为它放声痛哭,
它不给我们苦味的梦增添苦楚,
它也不像是上帝许给的天国乐土。
我们心中不知它的价值存在,
我们也没想拿它来进行买卖,
我们在它上面默默地受难、遭灾,
我们甚至从不记起它的存在。
　　是的,对我们,这是套鞋上的污泥,
　　是的,对我们,这是牙齿间的沙砾,
　　我们把它践踏蹂躏,磨成齑粉——
　　这多余的,哪儿都用不着的灰尘!
但我们都躺进它的怀里,和它化为一体,
因此才不拘礼节地称呼它:"自己的土地。"

1961年

---

① 选自乌兰汗编选《苏联当代诗选》,外国文学出版社,1984年版。

【俄国】勃洛克
张草纫 译

俄罗斯①

所谓一方水土养一方人，诗人咏唱祖国，其实是在咏唱自己的文化和人民，一群特别的人的特别的生存方式，是他们构成一片水土的灵魂。俄罗斯大陆深广的忧郁和坚韧的生命力，就来自于那暗淡的茅屋、强悍的美色、泪水充盈的河流、印花头巾、晶莹的眼睛、马车夫低沉的歌声。

勃洛克（1880~1921），俄国诗人。

又像在黄金时代，
三具磨损的皮颈套破裂，
有彩绘的辐条渐渐陷入
松软的车辙里……

俄罗斯，贫穷的俄罗斯，
你的木屋的颜色暗淡如灰，
你那随风飘扬的歌声——
就像我恋爱时第一次流下的眼泪！

我不知道怎样怜惜你，
我小心地背着自己的十字架……
任凭你把强悍的美色
奉献给任何一个诱惑者吧！

让他引诱也好，欺哄也好——
你总不会垮台，不会灭亡，
只是忧患会把一层尘土
掩盖住你美丽的容光……

---

① 选自张草纫译《俄罗斯抒情诗选》，上海译文出版社，1992年版。

这算得了什么？哪怕有更多的忧患，
哪怕河流中泪水充盈，
你依然如故——森林、田野，
还有裹着眉毛的印花头巾……

不可能的事情也成为可能，
只要头巾下晶莹的眼睛
刹那间在道路的远方闪亮，
只要马车夫低沉的歌声
唱出牢狱里的忧伤，
漫长的道路就会变得轻松，欢畅……

1908年

【苏联】曼德尔施塔姆
北岛 译

列宁格勒①

我回到我的城市,我的乡愁有身体的记忆,熟悉得像我的眼泪和静脉,我童年的病痛。那些特殊的词,那些耳熟的声音,那些似曾相识的脸,一见如故的表情,那些被舌头记住的故乡的味道……生命就是这样一大堆细枝末节。我如此贪婪地吞下路灯的光影,如同童年吞下治病强身的鱼肝油。再想吞下冬天的太阳,但是蛋黄搅入了沥青,太阳被包裹上乌云。我的城市已经被改了名字,如今叫列宁格勒,而珍藏我童年的城市,叫彼得堡。彼得堡,我还不愿意死,我不愿意随着你的改名而抹去我过去的生命,你保存着我的记忆,那些过期的电话号码与失去地名的地址,只能召回死者的声音。而我,今天生活在我的城市里,随时等待着被驱逐出境。

曼德尔施塔姆(1891~1938),生于华沙,长于彼得堡,犹太人。与古米廖夫、阿赫玛托娃创立阿克梅派,自言其特征"就是对世界文化的眷恋"。在苏联集权专制时代多次入狱,最终死于西伯利亚流放途中。

我回到我的城市,熟悉如眼泪,
如静脉,如童年的腮腺炎。

你回到这里,快点儿吞下
列宁格勒河边路灯的鱼肝油。

你认出十二月短暂的白昼:
蛋黄搅入那不祥的沥青。

彼得堡,我还不愿意死:
你有我的电话号码。

---

① 选自北岛《时间的玫瑰》,中国文史出版社,2005年版。

彼得堡,我还有那些地址
我可以召回死者的声音。

我住在后楼梯,被拽响的门铃
敲打我的太阳穴。

我整夜等待可爱的客人,
门链像镣铐哐当作响。

1930年12月,列宁格勒

【中国】艾青

雪落在中国的土地上①

　　优秀的诗人都是民族的代言人,他的脉搏与祖国的命运同一节奏。近现代的中国诗人,亲身感受着中国大地的苦难和沉重,他们的歌喉吞咽了太多的苦涩和绝望。这是一个沉重的底层的中国:大雪覆盖的国土,寒冷封锁的中国——一个阴冷的意象奠定了全诗的基调,没有"瑞雪兆丰年"的基本期盼,也没有"山舞银蛇、原驰蜡象"的浪漫激情,有的只是失去青春的诗人与苦难无边的人民。为什么中国的路是如此崎岖泥泞?饥馑的大地向苍天伸手乞援。我的诗句,能够温暖中国苍凉的胸膛吗?散文式的句法,延长了咏叹的情绪,形成摇曳不断的节奏感。

　　艾青(1910~1996),中国现代诗的代表诗人之一。作品有《大堰河——我的保姆》等。

雪落在中国的土地上,
寒冷在封锁着中国呀……

风,
像一个太悲哀了的老妇,
紧紧地跟随着
伸出寒冷的指爪
拉扯着行人的衣襟,
用着像土地一样古老的话
一刻也不停地絮聒着……

那从林间出现的,
赶着马车的
你中国的农夫

---

① 选自《艾青全集》,花山文艺出版社,1991年版。

戴着皮帽
冒着大雪
要到哪儿去呢?

告诉你
我也是农人的后裔——
由于你们的
刻满了痛苦的皱纹的脸
我能如此深深地
知道了
生活在草原上的人们的
岁月的艰辛。

而我
也并不比你们快乐啊
——躺在时间的河流上
苦难的浪涛
曾经几次把我吞没而又卷起——
流浪与监禁
已失去了我的青春的
最可贵的日子,
我的生命
也像你们的生命
一样的憔悴呀

雪落在中国的土地上,
寒冷在封锁着中国呀……

沿着雪夜的河流,
一盏小油灯在徐缓地移行,
那破烂的乌篷船里
映着灯光,垂着头
坐着的是谁呀?

——啊,你
蓬发垢面的少妇,

是不是
你的家
——那幸福与温暖的巢穴——
已被暴戾的敌人
烧毁了么?
是不是
也像这样的夜间,
失去了男人的保护,
在死亡的恐怖里
你已经受尽敌人刺刀的戏弄?

咳,就在如此寒冷的今夜,
无数的
我们的年老的母亲,
都蜷伏在不是自己的家里,
就像异邦人
不知明天的车轮
要滚上怎样的路程……
——而且
中国的路
是如此的崎岖
是如此的泥泞呀。

雪落在中国的土地上,
寒冷在封锁着中国呀……

透过雪夜的草原
那些被烽火所啮啃着的地域,
无数的,土地的垦殖者
失去了他们所饲养的家畜
失去了他们肥沃的田地

拥挤在
生活的绝望的污巷里:
饥馑的大地
伸向阴暗的天

伸出乞援的
颤抖着的两臂。
中国的苦痛与灾难
像这雪夜一样广阔而又漫长呀!

雪落在中国的土地上,
寒冷在封锁着中国呀……

中国,
我的在没有灯光的晚上
所写的无力的诗句
能给你些许的温暖么?

1937年12月28日,夜间

【中国】余光中

春天,遂想起①

我们不只有一个多灾多难的中国,我们还有一个美丽诗意的中国,这是不该忘记的。"江南好……",千百年来古中国诗人反复咏叹的叫人魂断肠牵的江南,就是标本。江南,中国的乳房,她具有女性的所有魅力——妩媚的山,多情的水,彩画的田园,糯音的语言,柔情的人。这是一个只宜发生美丽故事的地方。人诗意地栖居之所,就该是这样的地方吧?身在台湾的诗人从空间上思念江南,身处大陆的读者可以从时间上思念江南。轻轻吟哦这样美丽地方的美丽诗篇,任自己被柔情所感动吧。

春天,遂想起
江南,唐诗里的江南,九岁时
采桑叶于其中,捉蜻蜓于其中
(可以从基隆港回去的)
江南
　　小杜的江南
　　苏小小的江南

遂想起多莲的湖,多菱的湖
多螃蟹的湖,多湖的江南
吴王和越王的小战场
(那场战争是够美的)
　　逃了西施
　　失踪了范蠡
失踪在酒旗招展的
(从松山飞三小时就到的)

---

① 选自余光中《与海为邻》,上海文艺出版社,1999年版。

　　　　乾隆皇帝的江南

　春天,遂想起遍地垂柳
　　　的江南,想起
太湖滨一渔港,想起
那么多的表妹,走在柳堤
（我只能娶其中的一朵!）
走过柳堤,那许多表妹
　　　就那么任伊老了
　　　任伊老了,在江南
　　　（喷射云三小时的江南）

即使见面,她们也不会陪我
陪我去采莲,陪我去采菱
即使见面,见面在江南
　　　在杏花春雨的江南
　　　在江南的杏花村
　　　（借问酒家何处）
　　　何处有我的母亲

复活节,不复活的是我的母亲
一个江南小女孩变成的母亲
清明节,母亲在喊我,在圆通寺
喊我,在海峡这边
喊我,在海峡那边
喊,在江南,在江南
　　　多寺的江南,多亭的
　　　江南,多风筝的
　　　江南啊,钟声里
　　　的江南
（站在基隆港,想——想
想回也回不去的）
　　　多燕子的江南

　　　　　　　　　　1962年4月29日

【希腊】埃利蒂斯
卢永华 译

爱琴海[①]

  海洋国度的诗人别具怀抱，可以钟爱整个国度于一艘帆船。出海的船，候归的人；出发的希望，归航的歌谣。大海托着孤舟，航程平安！大海托着祖国，生活平安！

热爱她吧
爱琴海。
水花飞溅的浪涛，
梦幻境界的浮水鸟。
在一根最高最高的桅杆上，有一位海员挥动着
   手臂，
像在哼着一首歌谣。

热爱它吧，
她的歌谣。
那是旅途的地平线，
那是期望在回旋。
在一堆潮湿的礁石上，
未婚妻在等待着
一艘归船。

热爱它吧，
她的船。
和煦的北风无忧无虑，
美好的希望已张起风帆。

[①] 选自《春风译丛》，1980年第1期。

在那温柔的浪尖上，有一个小岛在颠簸，
航程平安。

【意大利】夸西莫多
吕同六 译

岛①

爱的甜蜜，似乎有点轻飘；爱的忧伤，或许有些厚重。对家乡的爱，为何笼罩着一层忧伤的薄雾？因为作者只是梦回故园。展开空间：花香弥漫的岛屿，朦胧；落花轻舐的海湾，依恋；街头羞涩的乡音，柔情。展开时间：人生记忆中的两座桃花源，若隐若现——一座是童年，一座是爱情。故国不堪回首，有太多的往事会将我淹没；而我只有躲进遥远的往事之中，才能慰藉我的一腔乡思。

夸西莫多（1901~1968），意大利隐逸派诗人。1959年因"以高贵的热忱，表现了我们时代生活的悲剧经历"而获诺贝尔文学奖。

对你的爱
怎能不叫我忧伤，
我的家乡？

橘花
或许夹竹桃
清幽的芬芳
在夜空微微荡漾。

一湾碧蓝的流水
催动悄然东去的玫瑰，
落花轻舐堤岸
在谧静的海湾低回。

我依稀回到你的怀抱
街头隐隐流来

---

① 选自夸西莫多《水与土》，吕同六等译，漓江出版社，2001年版。

温柔而羞怯的声音
呼唤我弹拨诗人的弦琴,
我茫茫然
这似乎是童年
又仿佛是爱情。

一腔乡思
蓦然翩飞,
我赶忙潜进
留不住的迢遥往事。

【德国】荷尔德林
顾正祥 译

故乡吟①

人对故乡的爱，与对母亲的爱相似。或者说，故乡是放大了的母亲，而祖国是放大了的故乡。浪子回乡，如同回到母亲身边，总想舔舔伤口，获得安慰，而最终，他又要出发，再次流浪。故乡母亲并不能代替你去爱，去痛苦。每一个大地的儿子，注定了生来有爱，也有痛苦，人人都必须肩负起自己的命运。

荷尔德林（1770~1843），德国诗人。想当年，在蒂宾根神学院与黑格尔、谢林同学，共栽自由树，写下《蒂宾根颂歌》赞美人类理想。不堪牧师的单调生活，做了十年的家庭教师，创作许多抒情诗，发表者寥寥。35岁时精神崩溃，被一名木匠收留，在一所塔楼里度过37年身心俱病的残生，仍然写下大量神秘高远的诗篇。生前少有知音，死后，他在抒情诗领域的声誉甚至超过了歌德。

船夫快活地回到平静的内河，
　　他从遥远的岛上归来，如果他有收获；
　　　我也会这样地回到故乡，要是我
　　　　收获的财产多如痛苦。

你们，哺育过我的可敬的两岸啊，
　　能否答应解除我爱的烦恼？
　　　你们，我孩提时代玩耍过的树林，要是我
　　　　回来，能否答应再给我宁静？

在清凉的小溪边，我看过水波激荡，
　　在大河之旁，我望着船儿驶航，
　　　我就要重返旧地；你们，守护过我的

---

① 选自顾正祥译《荷尔德林诗选》，北京大学出版社，1994年版。

亲爱的山峰,还有故乡的

令人起敬的安全的疆界,母亲的屋子
　乃至兄弟姐妹们的亲爱的拥抱,
　　我就要向你们致候,你们的拥抱
　　　像是绷带,会治愈我的心病。

你们旧情如故!但我知道,我知道
　爱的烦恼不会那么快痊愈,
　　世人所唱的抚慰人的摇篮曲
　　　没有一首唱出我内心的痛苦。

因为诸神赐给我们天国的火种,
　也赐给我们神圣的痛苦,
　　因而就让它存在吧。我仿佛是
　　　大地的一个儿子,生来有爱,也有痛苦。

【美国】休斯
申奥 译

黑人谈河流①

　　黑人的足迹遍布世界，自古以来就为人类文明作出贡献。然而，黑人又是世界上最受屈辱与迫害的种族，他们长期生活在人类的最底层，被现代文明所遗弃、所侮辱。自15世纪开始，400年间，西方殖民主义者从非洲大陆掠夺、贩卖"黑奴"近一亿人。黑人胸中咆哮的声音一直受到压抑，黑人的灵魂怎能不变得古老深邃，就像地球上那些古老的河流？从历史的深处奔涌而来的河流，至今仍养育着大地；从历史的深处顽强生存下来的黑人民族，仍将长存于世。

　　兰斯特·休斯（1902~1967），美国诗人，黑人文艺复兴运动领袖。《黑人谈河流》写于中学时代，是诗人发表的诗歌处女作。

我了解河流：
我了解像世界一样古老的河流，
比人类血管中流动的血液更古老的河流。

我的灵魂变得像河流一般深邃。

晨曦中我在幼发拉底河沐浴。
在刚果河畔我盖了一间茅舍，
河水潺潺催我入眠。
我眺望尼罗河，在河畔建造了金字塔。
当林肯去新奥尔良时，
我听到密西西比河的歌声，
我瞧见它那浑浊的胸膛
在夕阳下闪耀金光。

---

① 选自申奥译《美国现代六诗人选集》，湖南人民出版社，1985年版。

我了解河流：
古老的黝黑的河流。

我的灵魂变得像河流一般深邃。

【瑞士】黑塞
钱春绮 译

面对非洲①

心愿之乡

有这样一些人,他们不愿老死在家乡的屋檐下,他们有一颗飞翔的心,一生彷徨在旅途,不断被远方新鲜的诱惑所牵引。他们不愿被熟悉的事物温暖地捆住,宁愿永远漂泊流浪,去发现,去冒险,去历练人生。这种浪子的心声是:"即使在幸福之中,我在这世上,也只能当个过客,永远不能当个市民。"认定自己的一生就要做个过客,这需要极大的勇气。

有家乡很好,
睡在自己的屋顶下,有孩子、
庭园和狗,也很适意。可是,
你刚在最近旅行后稍事休憩,
远方又用新的诱惑来吸引你。
最好是带着怀乡病、
在高空的星星之下独自一人
沉浸于自己的憧憬。
只有心平气和的人
才能享受财产和休息,
而漂泊者却在不断的希望落空之中
忍受旅行的困苦和劳累。
一切旅行之苦确实较为轻松,
比在故乡的谷中寻到安宁更轻松,
只有智者才能在家乡的
忧与喜的小圈子里建筑他的幸福。
对我,最好是去寻找而永不找到,
不让身边的事物将我紧紧地温暖地捆住,

---

① 选自钱春绮译《黑塞抒情诗选》,百花文艺出版社,1989年版。

因为，即使在幸福之中，我在这世上也只能当个过客，永远不能当个市民。

【德国】尼采
钱春绮 译

孤 独①

  一个屋顶四堵墙，一桌一椅一张床——这是家；一种安宁、一种温情、一种亲情——这也是家。还有一个家，比这些都重要，那就是一个人的精神家园。黑塞"面对非洲"时在寻找她，尼采身陷孤绝时也想到她。尼采以孤独一身挑战人类文明，企图一举扫荡人类千百年积累下来的精神污垢，已有的人类文明中没有他希求的精神家园，这个理想的家园在他自己大脑的构想里，所以，他置身于毫无遮拦的世界的寒冬里，无所皈依。他只有自嘲：没有什么"家乡"的，真是晦气！

  尼采（1844~1900），德国哲学家。西方现代哲学的开创者，同时也是卓越的诗人和散文家。诗歌不过是他哲学表达的一种方式。

群鸦鸣噪，
鼓着刷刷的翅膀飞向城市：
天就要下雪了——
现在还有家乡的，真是福气！

你现在木然伫立，
回首后顾，唉！已是多么久远！
你这傻子，为何
面临冬天的季节逃向世间？

这世界——是通往
沉寂荒冷的无数沙漠的门！
谁丧失了
你所丧失的，就会无处安身。

---

① 选自钱春绮译《尼采诗选》，漓江出版社，1986年版。

你苍白地伫立,
受到诅咒,要在冬天里流浪,
就像那轻烟,
总想升到更加寒冷的天上。

飞吧,鸟儿,格格地
唱出沙漠之鸟所唱的调子!——
你这傻子,把你
血淋淋的心藏在冰和嘲笑里!

群鸦鸣噪,
鼓着刷刷的翅膀飞向城市:
天就要下雪了——
没有什么家乡的,真是晦气!

【爱尔兰】叶芝
赵澧 译

心愿之乡①

　　静心想想，人人都会有一个"心愿之乡"吧？它一定比现实的世界更美好。桃花源、乌托邦、太阳城……无数理想主义者构思了自己的心愿之乡，即便没有一个变成了现实，但是，能够想一想，也是美好的。叶芝在他的童话诗剧《心愿之乡》中设想，有一个连老人都很美丽的地方——时间已被消解；就是聪明人也谈笑风生——人类去掉文明的伪装，回归本真；心的寂寞就要消散——人们生活在幸福之中。

风儿从今天的门边吹了过来，
风儿吹过了寂寞的心，
心儿的寂寞已经消解。
仙女在远方曼舞轻盈，
乳白的脚成圈儿摆动，
因为她们听见风儿边笑边说边唱，
唱一个连老人都很美丽的地方，
就是聪明人也谈笑风生；
我又听见库兰尼的芦苇在谈：
"到风儿边笑边说边唱时分，
心的寂寞啊就要消散！"

---

① 选自王家新编选《叶芝文集》卷一，东方出版社，1996年版。

我的灵魂没有一丝白发

下编

人间的诗意
HUMAN POETIC FLAVOUR

我的灵魂没有一丝白发,
也没有老头儿的温情和想入非非。
我声如炸雷,震撼世界,
我来了,挺拔而俊美。

【波兰】米沃什
绿原 译

一个故事[①]

一个真实的故事，加一点寓意，就是寓言故事。一头灰熊发疯了，公然与人为敌，最后被射杀，原来是口腔溃疡让他疯狂。"成年累月的牙痛啊。一种不可言喻的痛楚，逼得我们胡作非为，使我们产生盲目的勇气。"至此，灰熊的故事变成人的故事。那种"痛楚"，可能是欲望，也可能是理想，还可能是幸福与爱情。

米沃什（1911~2004），波兰诗人。生于立陶宛。曾任波兰驻美、法外交官，流亡法国，入籍美国。1980年以"不妥协的敏锐洞察力，描述了人在激烈冲突的世界中的暴露状态"而获诺贝尔文学奖。米沃什90岁高龄时，曾自言仍坚持写作到夜晚。"根本不可能活腻的，我还是感到不够。"他说，"到了这种年纪，我仍然在寻求一种方式、一种语言来形容这个世界。"

现在我想讲米德尔的故事；我且放进一点寓意。
他倒霉碰上了一头灰熊，又凶又猛
经常从小屋的檐下撕抢鹿肉吃。
不仅如此。他不理人，也不怕火。
一天夜里，他开始捶门了，
还用爪子打破了窗，于是人们蜷成一团，
把猎枪放在身旁，等待着黎明。
晚上他又来了，米德尔近距离射中了他，
射在左肩胛骨下面。他于是又跳又跑，
跑得像一场风暴：一头灰熊，米德尔说，
即便被射中了心窝，也会不停地跑，
一直跑到倒下来。后来，米德尔沿着血迹

[①] 选自蔡天新主编《现代诗100首·蓝卷》，三联书店，2005年版。

找到了他——他这才懂得了
这头熊的古怪行为的真实原因：
这畜生的口腔给脓肿和龋齿烂掉一半。
成年累月的牙痛啊。一种不可言喻的痛楚，
经常逼得我们胡作非为，
使我们产生盲目的勇气。我们没有什么可丢失，
我们走出树林，未必希望
天上会下来一个牙医把我们治好。

【美国】狄金森
江枫 译

我啜饮过生活的芳醇①

用一生换取一滴幸福，这买卖太不划算了。可是，这一滴幸福就足够充盈我们的一生，让人们无怨无悔。幸福，是生命最昂贵的礼物。你以为到处有卖吗？

我啜饮过生活的芳醇——
付出了什么，告诉你吧——
不多不少，整整一生——
他们说，这是市价。

他们称了称我的分量——
锱铢必较，毫厘不爽，
然后给了我，我的生命所值——
一滴，幸福的琼浆！

---

① 选自江枫译《狄金森诗选》，湖南人民出版社，1984年版。

【德国】海涅
钱春绮 译

幸福是一个轻薄的姑娘[①]

  幸福是一个轻薄的姑娘，她老是脚底下抹油，不知去向；可是，不幸这个老夫人呀，却坚贞无比，她居然坐在你的床边，给你织毛衣。海涅写这首诗时，嘴角一定泛着苦涩的微笑。

幸福是一个轻薄的姑娘，
不爱老待在一个地方；
她抚摩你额上的头发，
慌忙地吻你，就逃得不知去向。

不幸夫人却和她相反，
总是把你搂着和你纠缠；
她说，她没有要紧的事情，
她老是坐在你的床边编结绒线。

---

① 选自海涅《罗曼采曲》，钱春绮译，上海译文出版社，1982年版。

【意大利】蒙塔莱
吕同六 译

生活之恶①

  幸福与不幸,就像一枚硬币的两面,没有不幸,我们怎么会在意幸福?"恶"——厄运、不幸、苦难等等,也是生活的一种常态,有来自时代和社会的,有来自他人的,也有自己有意无意招来的。生活之恶,可能偷袭人,可能蚕食人,也可能一拳把人击倒。受它重创的人,就像饮泣的溪流、枯萎的败叶、中枪的鸟。从生活之恶中如何自我拯救?只有清醒的冷漠:像酣睡的雕像——以大理石般的冷漠轻视它;像孤悬蓝天的云朵——跳出它的圈套蔑视它;像翱翔于苍穹的雄鹰——寻找新的天地抛弃它。生活之恶,你奈我何?

  蒙塔莱(1896~1981),意大利"隐逸派"诗人,人称"生活之恶的歌手"。1975年以"在不合幻想的人生观之下,诠释人类的价值"而获诺贝尔文学奖。

我时时遭遇
生活之恶的侵袭:
它似乎喉管扼断的溪流
暗自啜泣,
似乎炎炎烈日下
枯黄萎缩的败叶,
又似乎鸟儿受到致命打击
奄奄一息。

我不晓得别的拯救
除去清醒的冷漠:
它似乎一尊雕像

---
① 选自吕同六译《意大利二十世纪诗歌》,安徽文艺出版社,1993年版。

正午时分酣睡朦胧,
一朵白云
悬挂清明的蓝天,
一只大鹰
悠悠地翱翔于苍穹。

【瑞士】黑塞
钱春绮 译

幸 福[①]

身在福中不知福，几乎是所有人的通病。当人们吵吵嚷嚷地四处寻找幸福时，幸福或许已经与人擦肩而过。当人们不再执着于幸福的名分的时候，幸福或许不期而至。深爱中国文化的黑塞，似乎就是在宣讲中国传统的人生观：淡泊明志，知足常乐。

在你猎取幸福的期间，
你还没有成熟得成为幸福者，
哪怕你最喜爱的已归于你。

在你痛悼失去的一切，
向着目标忙忙碌碌的期间，
你还不知道什么是安宁。

只有当你放弃一切欲望，
再也不知道目标和追求，
不再以幸福之名称呼幸福，

那时，万事的洪流就不再
冲到你心头，你的灵魂就安静下来。

---

① 选自钱春绮译《黑塞抒情诗选》，百花文艺出版社，1989年版。

【英国】奈特
王佐良 译

幸 福①

　　幸福也可以是多姿多彩的。路遇草地上的小马,也是一种。马对人的亲近,让我感动莫名。那暮色一样多情的眼色,那天鹅般羞涩的低头,那姑娘们的手腕一样柔和的长耳,那用鼻子亲我左手的依恋,让我想要跳出自己的躯壳,怒放成满地鲜花。诗人把这种状态,名之为幸福。
　　奈特(1927~1980),英国诗人。

　　就在通往罗彻斯特的公路旁边,
　　暮色柔和地在绿草地上轻跳。
　　两头印第安人的小马张着眼,
　　眼色像暮色一样多情。
　　他们高兴地走出柳树林子
　　来欢迎我的朋友和我。
　　我们跳过铁丝网进入牧场,
　　这两头马在那里寂寞地吃了一天的草,
　　看见我们来了,浑身颤动,
　　掩不住那高兴的劲儿。
　　他们彼此相爱,像天鹅般羞怯怯地低着头。
　　可谁也不知道他们是多么寂寞!
　　终于安静下来了,
　　他们在黑暗中嚼着初春的嫩草。
　　我真想把那瘦小的一头抱在我的怀里,
　　因为她向我走来了,
　　用鼻子亲着我的左手。
　　她的毛色黑中间白,

---

① 选自飞白主编《世界诗库》,花城出版社,1994年版。

鬃毛洒脱地披在额上,
微风吹过,我禁不住摩抚了她的长耳朵,
那皮肤柔和得像姑娘们的手腕。
我突然感到
如果我能脱出自己的躯体,我就会
怒放如花。

【德国】尼采
钱春绮 译

我的蔷薇[①]

尼采的幸福观与众不同。"一切幸福都要使人幸福",我的也不例外,但你要获得我所能给予的幸福,却要付出代价——我所给出的幸福是一朵蔷薇,你得准备被刺破手指才能采到手。我的幸福不会叫你舒舒服服地享受,它喜欢恶作剧!尼采一直要求读者养好强壮的胃口,以便消化他的哲学。

尼采(1844~1900),德国哲学家,他宣布"上帝死了",要重估一切价值,把人类改造为"超人"。他随手写下的一些短诗是他哲学思考的另一种形式。

是的!我的幸福——要使人幸福——
确实,一切幸福都想使人幸福!
你们想要把我的蔷薇采去?

那就得在岩石和荆棘围篱之间
弯下你们的身体、躲在那里,
并且常常舔舔你们的手指!

因为我的幸福——它喜爱打趣!
因为我的幸福——它喜爱恶作剧!——
你们想要把我的蔷薇采去?

[①] 选自钱春绮译《尼采诗选》,漓江出版社,1986年版。

【德国】尼采
梁宗岱 译

醉 歌①

  人类在午夜梦回的时分，会觉醒到痛苦的压抑，像噩梦一样把人纠缠；也会听见快乐在呐喊，它要冲出胸膛漫游世界。人啊，你的痛苦不想永远痛苦，你的快乐却想永远快乐，你要把所有的痛苦转化为永恒的快乐。在苦与乐的肉搏中，人类正上演着多少悲剧、喜剧、闹剧、正剧。

  人啊！留神罢！
  深沉的午夜在说什么？
  "我睡着，我睡着——
  我从深沉的梦里醒来——
  世界是深沉的，
  比白昼所想的还要深沉。
  痛苦是深沉的——
  快乐！却比心疼还要深沉；
  痛苦说：消灭罢！
  可是一切快乐都要求永恒——
  要求深沉，深沉的永恒！"

---

① 选自《梁宗岱译诗集》，湖南人民出版社，1983年版。

【英国】布莱克
宋雪亭 黄雨石 译

笑与颦①

用微笑引发微笑，一个快乐就传染为两个；用皱眉对付皱眉，一个仇怨就翻倍作一双，而且像病毒一样侵入你的骨髓，让你永不安宁。一生中真正的微笑只有一次，那就是懂得了宽恕别人、善待自己。当这朵微笑在你灵魂中开花，一切悲伤和痛苦都将远离你。

布莱克（1757~1827），英国诗人和画家。因家贫而以雕版为生，写作一些词句纯净而内蕴深刻的诗篇，生前不受注意，到20世纪却被评论者认定为英国诗史上最伟大的五六位诗人之一。

世上有一种表示欺骗的微笑，
　　也有一种微笑表示爱的情意，
更有一种因微笑引起的微笑，
　　在其间那两种微笑相遇。

世上有一种表示痛恨的蹙眉，
　　也有一种蹙眉表示鄙弃，
更有一种因蹙眉引起的蹙眉，
　　这个你永远也没法忘记。

因为它会渗入你心的深处，
　　因为它会紧黏住你的背脊。
同时除开唯一的一种微笑，
　　任何微笑都并无真正的笑意——

一个人从出生直到死亡，
　　真正的微笑只能有一次，

---

① 选自《布莱克诗选》，人民文学出版社，1957年版。

而在这次微笑笑出之后，
　　一切悲痛便完全终止。

【苏联】帕斯捷尔纳克
菲野 译

二月……①

用大地解冻冰消雪化的二月风物，来比拟激情喧腾痛苦狂暴的心情。二月，用墨水哭泣。二月的墨水，是化雪的泥泞，用轰响的词语书写春天的激情。扬鞭快马狂奔前去，去到暴风雨的中心。那里，暴风雨的语言比世上一切的墨水和哭声更为有力。那里，白嘴鸦像烧焦的梨落入水洼，如同干枯的忧愁沉入眼底。雪地被风的尖叫声犁过，露出黑色的土地，如同人心被痛苦撕裂，流露真情，这时候啊，二月的墨水，诗人的痛苦，都化为诗章。

帕斯捷尔纳克（1890~1960），苏联诗人、作家，1958年因"在当代抒情诗和俄罗斯的史诗传统上，他都获得了极为重大的成就"而获诺贝尔文学奖。有诗集《生活——我的姐妹》、小说《日瓦戈医生》等。

二月。墨水足够用来痛哭！
大放悲声抒写二月，
一直到轰响的泥泞，
燃起黑色的春天。

用六十戈比，雇辆轻便马车，
穿过恭敬，穿过车轮的呼声，
迅速赶到那暴雨的喧嚣
盖过墨水和泪水的地方。

在那儿，像梨子被烧焦一样，
成千的白嘴鸦
从树上落下水洼，
干枯的忧愁沉入眼底。

---

① 选自北岛《时间的玫瑰》，中国文史出版社，2005年版。

水洼下,雪融化处泛着黑色,
风被呼声翻遍,
越是偶然,就越真实。
并被痛哭着编成诗章。

　　　　　　　　　　　　　　　　　　1912年

【法国】魏尔伦

罗洛 译

泪洒落在我的心上①

> 雨轻轻地在城市上空落着。
> ——阿尔蒂儿·兰波

青春这株植物呀，需要一点儿泪水来滋养；青春这枚玉石呀，需要一点儿忧伤来雕琢。那没来由的忧愁和无缘故的清泪，总在你不经意间悄然而至，它要做你青春的良伴。可你并不想赶开它，你甚至会喜欢上你的忧伤，并把它当作你秘密的朋友，你的无言的知音。在你看花心喜、迎风落泪的日子里，喜爱你的忧伤吧，让它细腻地打磨你的灵魂，帮助你长大成人。

魏尔伦（1844~1896），法国象征派诗人，现代派诗歌先驱之一。作者写这首诗时正经历生活危机：他担任过巴黎公社新闻处主任，公社失败后，他变得颓唐；又因为感情纠葛，在枪击另一位诗人兰波的事件中成为阶下囚。

泪洒落在我的心上，
像雨在城市上空落着。
啊，是什么样的忧伤
荆棘般降临我的心上？

啊，地面和屋顶的雨
这样温柔地喧闹！
对我的心的愁郁，
啊，这扬起歌声的雨！

泪水洒落，没来由啊，
落在这病了的心里。
什么？没有人背弃我？
这忧伤没来由啊。

---

① 选自诗刊社编《世界抒情诗选》，春风文艺出版社，1983年版。

这确是最坏的悲哀：
我不知道是为什么，
没有恨也没有爱，
我的心有这许多悲哀。

【瑞士】黑塞
钱春绮 译

致忧郁①

忧郁不像一件外衣，可以随便脱掉。忧郁像一层蛇皮，它的生长需要时间，它的蜕去也需要时间。当时候到了，它会从你心上蜕去，然后长出鲜亮明丽的新皮——另一种心境。只要你没有趴在忧郁的膝盖上休息的习惯，换一种心境较为容易。

去饮酒访友，我逃脱了你，
因为我怕你阴暗的眼睛，
在恋人怀中，听弹琉特琴，
你的不孝子，我忘掉了你。

你却默默地紧跟不放松，
在我绝望地痛饮的酒里，
在我的沉闷的热恋之夜里，
也在我对你嘲笑的声中。

现在，当我又回到了家里，
你让我疲倦的肢体凉爽，
你把我的头放在你膝上，
走了许多路，还是走向你。

---

① 选自诗刊社编《世界抒情诗选》，春风文艺出版社，1983年版

【瑞士】黑塞
钱春绮 译

雾 中①

一层雾障,把万物隔绝,每一棵树都显得孤立无助。人生也有起雾的日子,当我的朋友们,一个个从身边消失。我们的眼睛,需要习惯这浓黑的雾障,明白人与人之间的隔阂,本来就无法穿透。对别人良善些,对自己聪明些,不要期待一切都是透明的,像阳光灿烂的早晨。学会欣赏你的孤独吧,人生原本就是孤独的,就像在雾中散步。

在雾中散步,真正奇妙!
一木一石都很孤独,
没有一株树看到别株树,
每一株都很孤独。

当我的生活还很明朗的时候,
我在世间有无数的友人;
如今,大雾弥漫,
我再也看不到一人。

的确,不知道黑暗的人,
不能称为贤智的人,
黑暗轻轻地把他和一切世人
隔开,使他无法逃遁。

在雾中散步,真正奇妙!
人生十分孤独。
没有一个人看出另一个人,
每一个人都很孤独。

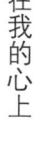

---

① 选自钱春绮译《黑塞抒情诗选》,百花文艺出版社,1989年版。

【法国】普吕多姆
胡小跃 译

银 河①

把眼界放开，银河中的群星，也是彼此孤独的。群星满天，都是"受伤的天体"；满天星光，原来是满天珠泪。每一颗星星，都将炽热的情火，白白地燃烧，孤独地熄灭。他们温存美丽的光芒，无人见证。星与星啊，就像人心与人心，人间每一颗闪亮的心，都在不为人知的夜里，孤独地燃尽她的生命。

普吕多姆（1839~1907），法国诗人，1901年第一届诺贝尔文学奖获得者。获奖诗集《孤独与深思》。获奖理由："是高尚的理想、完美的艺术和罕有的心灵与智慧的实证。"

有天晚上，我对星星说：
"你们好像并不幸福；
无边的黑暗中，你们的光
虽然温柔却满含痛苦。

"我相信看到了天上
圣女们白色的孝衣，
她们举着无数蜡烛，
哀伤地结队而行。

"你们一直在祈祷？
你们是受伤的天体？
因为你们洒下的，
不是光，而是光的泪。

"星星啊，你们是造物

---

① 选自普吕多姆《孤独与沉思》，胡小跃译，漓江出版社，2001年版。

和众神的祖先,
你们眼中泪水涟涟……"
星星们答道:"我们孤独……

"你以为我们离得很近,
其实我们隔得很远;
姐妹们温存美丽的光芒,
在故乡无人见证。

"她们内心炽热的情火
在冰冷无情的空中熄灭。"
我对他们说:"我懂!
因为你们与人心相似。

"同你们一样,每颗闪亮的心
都远离似乎邻近的姐妹,
永远摆脱不了的孤独
默默地在夜里燃烧。"

【英国】拜伦
查良铮 译

孤 独①

独自去荒山野岭漫游,这不算孤独,因为大自然是你的伙伴。独自在人间浪游,没有谁祝福我们,也没有谁值得我们祝福;如果我们死了,人们甚至不会把脸上的笑稍微收敛一秒钟;在人群中我们举目无亲,没有同道、同仁、同类、同志,这才叫孤独!

拜伦(1788~1824),英国浪漫派诗歌大师。

坐在山岩上,对着河水和沼泽冥想,
或者缓缓地寻觅树林荫蔽的景色,
走进那从没有脚步踏过的地方
和人的领域以外的万物共同生活,
或者攀登绝路的、幽独奥秘的峰峦,
和那荒野中、无人圈养的禽兽一起,
独自倚在悬崖上,看瀑布的飞溅——
这不算孤独;这不过是和自然的美丽
展开会谈,这是打开她的富藏浏览。

然而,如果是在人群、喧嚣,和杂沓中,
去听、去看、去感受,一心获取财富,
成了一个疲倦的游民,茫然随世浮沉,
没有人祝福我们,也没有谁可以祝福②,

---

① 选自查良铮译《拜伦诗选》,上海译文出版社,1982年版。诗句出自《恰尔德·哈洛尔德游记》第二章,第二五至二六节。

② 没有人祝福我们,因为我们若是在忧患中,富贵的人会避开我们;若是我们荣华富贵,那些追随我们的人必然是因为我们的成功而追随,却不是出于对我们的情谊。他们不会祝福我们,我们也不会祝福他们。(E.H.柯勒律治注)。

到处是不可共患难的、荣华的奴仆!
人们尽在阿谀,追随,钻营和求告,
虽然在知觉上和我们也是同族,
如果我们死了,却不会稍敛一下笑:
这才是举目无亲;啊,这个,这才是孤独!

【奥地利】里尔克
杨武能 译

孤 寂[①]

　　孤寂有形体吗？诗人说它像雨；孤寂有来处吗？诗人说，它来自黄昏的海上，飘过旷野，降临城里。啊，在城里，雨把孤寂洒落大街深巷，分配给家家户户。当相爱的人拥抱的是空虚，而冤家却偏偏同床异梦睡在一起。这时候呀，孤寂就像江河泛滥，淹没了整个大地。没有爱的世界，就是孤寂横行的世界。

　　里尔克（1875~1926），奥地利诗人。十一岁入读陆军学校，后学习经商，最终成为成就丰厚的诗人。诗人瓦莱里认为他是"世界上最柔弱、精神最为充溢的人。形形色色奇异的恐惧和精神的奥秘使他遭受了比谁都多的打击。"里尔克认为诗歌的目的是帮助人占有人类的感受力，那是一种让人获得骄傲的能力——抗拒时代习俗的驯化，保持人类感受力的纯洁和敏锐。他的诗歌影响了一批出色的中国白话诗人，如冯至、卞之琳等，也深受当代中国青年诗人的喜爱。

孤寂好似一场雨。
它迎着黄昏，从海上升起；
它从遥远偏僻的旷野飘来，
飘向它长久栖息的天空，
从天空才降临到城里。

孤寂的雨下个不停，
在深巷里昏暗的黎明，
当一无所获的身躯分离开来，
失望悲哀，各奔东西；
当彼此仇恨的人们

[①] 选自臧棣编《里尔克诗选》，人民文学出版社，1996年版。

不得不睡在一起：

这时孤寂如同江河，铺盖大地……

【法国】波德莱尔
郭宏安 译

忧 郁①

波德莱尔（1821~1867）是个忧郁王子，很少有人像他那样钟情于忧伤。瞧，天空如盖，黎明漆黑，大地是牢房，希望是盲目的蝙蝠，脑袋撞击着囚牢的墙。雨丝是栅栏，蜘蛛结网，在我们的头脑里！钟声像游魂哀号，我的灵魂在举行葬礼，被打败的希望在哭泣，我的头顶是一杆认输的黑旗。他把话都说绝了，你的忧郁还有话可说吗？波德莱尔作为第一位"现代诗人"的典型形象，我在附录的文字中做了较详细的阐述。

当低重的天空如大盖般压住
被长久的厌倦折磨着的精神；
当环抱着的天际向我们射出
比夜还要愁惨的黑色的黎明；

当大地变成一间潮湿的牢房，
在那里啊，希望如蝙蝠般飞去，
冲着墙壁鼓动着胆怯的翅膀，
又把脑袋向朽坏的屋顶撞击；

当密麻麻的雨丝向四面伸展，
模仿着大牢里的铁栅的形状，
一大群无言的蜘蛛污秽不堪，
爬过来在我们的头脑里结网；

几口大钟一下子疯狂地跳起，
朝着空中迸发出可怕的尖叫，
就仿佛是一群游魂无家可依，

---

① 选自波德莱尔《恶之花》，郭宏安译，漓江出版社，1992年版。

突然发出一阵阵执拗的哀号。

——送葬的长列,无鼓声也无音乐,
在我的灵魂里缓缓行进,希望
被打败,在哭泣,而暴虐的焦灼,
在我低垂的头顶把黑旗插上。

附录:波德莱尔——为我的悲伤注明日期

  暮色苍茫,巴黎大街两边的汽灯,一盏一盏点亮了。绚烂的夜色给人新奇的诱惑,人流像一条条小水沟,从家家户户的门前汇入大街的河道。然后,又像飞蛾一般聚集在明亮的市场店铺。橱窗前晃过一名拾垃圾者,摇着头,踢着路石,嘴里自言自语。繁华与他无缘,喧闹与他无关,他一意翻捡着首都一天的污秽,像查阅这城市的档案。诗人波德莱尔晃过来了,他小心慢走以免把衣服上的破洞撑大,他的神情和步态酷似拾垃圾者,两者一样的低贱,一样的朝不保夕。他到处晃荡,身影仿佛游手好闲之徒,而眼神却像个私人侦探,这正是他的工作方式,他在追踪人群的欲望轨迹,他正用脚写诗:

我独自去练习我奇异的剑术,
向各个角落嗅寻偶然的韵律,
绊在字眼上,像绊在石子路上,
有时碰上了梦想已久的诗行。(《太阳》,钱春绮译)

  冷眼旁观市民们东奔西走,"每个人都背着个巨大的怪兽","被一种不可控制的行走欲推动着",却不知走向何方(《每个人的怪兽》),诗人感到"一种神秘而高贵的乐趣",接着是令人疲倦的忧伤。有时,他会登上高楼或山顶,用忧伤的目光涂遍全城:

到处是医院、妓院、监狱、地狱、炼狱,
这一切极恶犹如一朵巨大的鲜花开放。

  诗人满怀喜悦,热爱这"万恶之都","就像是老色鬼习惯了老情人,我只愿沉醉于这个巨大的娼妓,她地狱般的魔力使我重获青春"(《跋诗》)。他不是苦吟派,他对有生命的大自然也不感兴趣,他喜欢人工的自然,喜欢人气充沛的城市。他的诗都是在街头浪荡时拾韵成章。当时的巴黎,沐浴着工业文明的阳光,是世界上最发达的现代化大都会(只有伦敦可与之媲美)。波德莱尔不像中国隐士,他没有拿田园山水来和都市文明对抗,他喜欢巴黎,他一生留下两册薄薄的诗集(《恶之花》和《巴黎的忧郁》),写的中心都是巴黎。他第一个感到工业文明迅速堆砌起来的大都市的活力,"城市的模样,比凡人的心变得还快"(《天鹅》)。这活力令他沉醉,更令他痛苦,因为他第一个敏感到这种活力所蕴含的丑恶、邪恶和罪恶。波德莱尔的大脑像一面魔镜,穿透巴黎明艳的肌肤,看到了内脏的疾病和痛苦,它专门以恶为食,只有在都市之恶中才能吸吮生命的养料。于是在波德莱尔这里,巴黎是一朵"邪恶之花",现代文明是一朵"病态之花",诗人在恶中求善的意愿化作美丽的诗篇,是一朵"痛苦之花"。没有哪位西方诗人比他更忧郁了,就像在中国诗人里没有谁比李后主更凄凉。波德莱尔琵琶别抱,成为巨匠,成为第一位"现代诗人"。

波德莱尔(1821~1867)的一生,是此后一切现代诗人的一则寓言。

在现代都市里做一名诗人,是个怎样的形象呢?波德莱尔自画像:流浪城市的彷徨的"天鹅",跌落地面的"云中君""信天翁",脚踩大地心在天上,无父无母、无友无爱、无钱无名、无国无上帝的"异邦人"和"云彩贩子"。年轻的波德莱尔曾经是极度自信的,他中学未毕业,就宣告要做一名诗人,巴黎的街头于是多了一名浪子。他在二十四岁时口出狂言:荷马史诗中的英雄比起巴尔扎克笔下的人物,"不过是一群侏儒"。他惺惺相惜:"巴尔扎克,你比起你头脑中所酝酿出来的所有人物,算是最英雄、最不凡、最浪漫、最富于诗意的人物了。"(《一八四五年的沙龙》,林同济译)他发现了"城市生活的诗意题材",他立意要在文明的都市巴黎做一个"现代英雄"。结果,他贫穷,同时"贫名"。

富裕的缪斯少见,而诗人的缪斯尤其贫苦——如果她既不是大众情人,又不肯下嫁权势的话。波德莱尔喝浪漫派的乳汁长大,却为"浪漫派的夕阳"大唱挽歌,他要"远离那些著名的坟地,走向一座偏僻的墟墓"(《厄运》),要在诗坛上独辟蹊径,意味着抛弃现有的读者市场。"在那雪夜的黑色的厌倦之中,你可有火烘烤你青紫的双足?"(《稻粱诗神》)波德莱尔的诗神打着赤脚,他恐惧于自己的缪斯也有过"为钱而干"的娼妓之想,他祈祷自己的诗神做个圣洁的贞女:"我愿你胸中散发健康的芳香,坚强的思想经常在来来往往,你基督徒的血有节奏地流淌,就像古代音节和谐的音响。"(《病缪斯》)波德莱尔得遂所愿,他只用散文谋生,而与他的诗神从未屈膝。结果,他一生中全部作品的收入只有一万五千法郎,而他同时代的作家,欧仁·苏因《巴黎的秘密》收益10万法郎,大仲马的"小说工厂"年产利润5.3万法郎,拉马丁一个专栏连载小说就进项60万法郎,十一年的年薪总数高达500万法郎。文人中向来就有得意和失意两个族群,失意者众,得意者寡,更何况执意走偏锋如波德莱尔者。《恶之花》初版(1857年)只印刷了1300册,销路平平。他的读者还未成熟,他的政府却有过敏反应,以"有伤风化和妨碍道德罪"判罚作者300法郎,勒令删除六首诗。

波德莱尔的屈辱直到近百年后才得以洗刷，1949年法庭重判，给诗人恢复名誉。

波德莱尔的世界在街头、在人群、在黑暗之中，那是众声喧哗之所。

面对白昼，他选择黑夜。"夜晚在他们的精神上布下了黑暗，却在我的头脑里放射出光明。"（《暮色》）他在都市的迷宫里悠游自在，把繁星和灯火看作"自由女神放出的焰火"，"精神恐慌的慰藉"，他大口吞咽这苍茫暮色的"温柔甜蜜"，像一个掘到珍宝的冒险家。

面对都市化，他选择做流浪者。都市的建立，使政府得以布下严密的控制网，住房编号，身份登记，信件邮戳，条块管制等等，运转的效率加快，时间消逝得更快，个人的特征也被淹没得更快。波德莱尔做了巴黎城里的"波希米亚人"，他拒绝过井井有条的生活，他甚至拒绝做"一个有用的人"，16年间（1842~1858）迁居14次，"他睡的每张床都成了碰运气的床"（本雅明语），其实，他只想保持心灵的弹跳力。都市化排斥诗意，而他以跳跃的生活保持洞察者的视点，就像一名杀手不断寻找最佳的狙击位置。

面对人群，他选择孤独。"享受人群的美味是一门艺术。"诗人在人群中孤独漫游，是一种"神秘的沉醉"和"深广的幸福"，他可以随心所欲地变换角色，"犹如那些寻找躯壳的灵魂"（《人群》）。他在人群中寻找特殊的个人，选定目标后一路尾随，一直把目标追踪到诗笺上，用深思熟虑的诗句捕获。诗人不是观察者，而是亲历者、体验者，他在人群中体验无限丰富的永远新奇陌生的多面人生。是诗人，给人群注入了灵魂。

面对繁华，他选择底层。在小散文诗集《巴黎的忧郁》（亚丁译）中，诗人写到自己三次流泪，一次瞥见"一扇被蜡烛照亮的窗户"后的老妇人，诗人为她编造历史，然后，"一边哭泣，一边把这故事讲给自己听"（《窗口》）。一次是在节日喧嚣的叫卖声中，发现一位哑然静坐的老艺人，他坐在华丽世界的边缘，心如死灰。诗人仿佛看见了自己的命运（《卖艺老人》）。一次是讲述一个被判死刑的名丑角的最后一场辉煌演出的故事，诗人醒悟："对艺术的迷醉比任何方法都更能掩藏面临深渊的恐怖。一个艺术家在自己的坟墓边缘，可以怀着忘却坟墓的欢乐去演出。"（《英勇的死》）波德莱尔为谁哭泣？为底层的苦难和苦难的艺术家。底层具有"另一种英雄气概"，"一种新的、特殊的美"。真诚的艺术家与贫苦的民众有天生的血缘关系，就艺术家本身而言，相对于"治人者"，他是被治者；相对于永恒的时间，他是命定的失败者。他的一生只是"在坟边舞蹈"。

面对上流社会，他选择做平民英雄。他把诗人的作用与太阳相提并论："它像个诗人一样降临城内，让微贱者的命运变得高贵。"（《太阳》）这个立场的选择，使波德莱尔把自己作为一名英雄从人群中分离出来。他不是人群的一分子，而是令人群高贵的诗人（即便他手里只有一管鹅毛笔），这份自信必定把诗人推向痛苦的深渊。如此境况想必是经常出现的：与庸俗交手了一整天，"人脸的暴政终于消失了"！夜深人静，诗人的祈祷像是呐喊："我所爱的人们的灵魂，我所歌颂的人们的灵魂，快来支持我、援助我吧！把世界上的谎言和腐蚀人心的乌烟瘴气给我赶远点吧！您啊！我的上帝！让我写出几句美好的诗句，以此向我自己证明，我并非最卑劣的人，我并不比我所轻蔑的人更低贱。"（《在凌晨一点钟》，亚丁译）

面对上帝，他选择撒旦。"任何人身上，任何时刻都同时有两种恳求，一种是向上帝的，另一种是向撒旦的。祈求上帝即灵性，是一种晋升的欲望；祈求撒旦即兽性，是一种跌落的快乐。"（《真情实录》，怀宇译）波德莱尔一口咬定："最完美的男性美就是撒旦"——那个反叛的英雄，携恶飞翔的强魂。因此，他祈祷上帝，为了保佑他能写出"撒旦诗篇"。

于是，面对恶，他选择美。

但丁创造了地狱，而波德莱尔在巴黎发现了地狱。昔日丛林中的猎人已移居都市，大街上来来往往的食肉兽，他们捕捉的对象是自己的同类。报纸每天在输送罪恶，带着普遍的残忍的醉意，向城市撒布恐怖之网。"人生就是一个医院，这里每个病人都被调换床位的欲望纠缠着。"（《世界之外，哪儿都可以》）诗人以透明的清醒，抓住了"恶的意识"。"存在即是恶。"波德莱尔认定，凡人皆有恶，自身不例外。诗人所能做的就是"以心为镜"，"给粗糙的大地剥皮"（《骸骨农夫》），撕裂都市的假面，让自身沉入到恶之中，展示这人间的恶，也暴露自身的恶。在这里，才气只堪哀叹，只有过人的胆识才能穿透现实、直指人性。"恶意并不总是从心中产生：还有一种智慧恶意和想象恶意。"诗人具有这种能耐，"我能够下降到丑恶的情欲当中"（《致阿·卡洛书》）。波德莱尔像"灵魂寻找躯壳"一样体验罪恶，又像医生研究病情一样解剖罪恶。他的眼睛像个饮恶的撒旦，他的用心却像个苦炼的修士。他自称是个"最可悲的炼金术师"：

由于你，我把黄金变成铁，
我把天堂变成地狱；
我拉开云的殓布，
发现一个可爱的尸体……（《苦痛之炼金术》，钱春绮译）

波德莱尔把"恶的意识"变成"美的艺术"。"美比真更高贵。"诗人说，"你给我污泥，我把它变成黄金。"悲哀的巫师还原为高明的诗人，他化腐朽为神奇，高举一束"恶之花"，发散着"巴黎的忧郁"的芳香。仿佛是打定主意要和世俗对着干，诗人手持两柄魔棒，一支"化丑为美"，一支"化美为丑"。他的六首禁诗，一半歌咏迷茫的女同性恋，一半表白赤裸的床笫之爱。他甚至写手淫、写奸尸、写死的新奇之美，同时，他也怀着高贵的怜悯之心,写穷人、写老人、写绝境中的艺术家。他擅长在世俗之恶中发现特殊的美,但他通常更习惯做的是把世俗之美点化为丑恶。他眼见的是"衰老的巴黎",城市建筑是文明"痛苦而光荣的装饰",市声是"人类的哀吟"。他写的爱情诗不少,在别的诗人笔下,这是一个美不胜收的领地,而在波德莱尔这里,除了少数几首表达了接近常理的温情和爱慕(如《头发》《阳台》)之外,处处是让人诧异的奇思诡想。情人是"吸血鬼",是"野兽",情人的碧眼是"滴滴毒汁汇成的湖",做爱犹如决斗,向情人"输送毒液",饮一口唾液即会死,或者,"情郎俯在美人身上气喘吁吁,好像垂死的人抚爱他的坟墓"(《献给美的颂歌》),还有"你走动时裙摆下的高贵小腿,/猛煽并挑逗隐约的欲火,/如同两位巫女/在深瓮里熬炼黑色春药"(《优美的船》,莫渝译)。最骇人的是,诗人与情人散步,撞见一具腐尸,阳光照着,苍蝇爬着,蛆虫"像潮水般汹涌起伏",这时候诗人产生了两个联想:"这尸体真是绝妙,像花朵一样开放。"一转头看见自己美丽的情人,脱口而出"而将来你也会像这垃圾一样"。残酷的对照,恐怖的联想,这不是黑色幽默,这里有电光劈树般的魔力。美人希望永远美下去,可眼前的景象就是等待她的命运。话说回来,红粉骷髅的比照也不是什么新玩意儿,只是从未有人作出这么精细的描摹。波德莱尔的高明在末章显示出来:

> 那时,我的美人,请你告诉它们,
> 那些吻你啃你的蛆虫,
> 旧爱虽已分解,可是,我已保存
> 爱的形姿和爱的神髓!(《腐尸》,钱春绮译)

爱人会消逝,可是爱会在诗中永存。"精神创造的东西比物质更有生命力。"波德莱尔如是说。即便如此,这仍是一首残酷之诗,一种残忍之美,一种冷酷的浪漫主义。丑恶是强者的日常食品,现实之恶反而喂养了诗人精神的强大。"丑恶的魅力只能使强者销魂。"(《骷髅舞》)波德莱尔致信友人:"波德莱尔先生有足够的天才在他自己的心中研究恶"。

从恶到美,这中间发生了什么?诗人以心灵为鼎,以痛苦为火,把生活之恶熬炼为诗意之美,这就是波德莱尔"痛苦的诗学"。在诗人死后才发现的手稿《火箭》中,一些简洁的句子是他久酿于心的诗学结晶体。"爱情就是卖淫的欲望。""艺术是什么?就是卖淫。"这里的"卖淫"可理解为"献身",两者的共同点是"在一切众人之中找到快乐"(钱春绮译)。两者的另一个共同点是"痛苦"。"爱情中唯一和高尚的快感,存在于确定的制造痛苦的过程中。男人和女人生来就知道,正是在痛苦中,有着一切快感。"(怀宇译)另一方面,"诗最伟大、最高贵的目的"是美,而美的定义,"'欢悦'是'美'的装饰品中最庸俗的一种,而'忧郁'却似乎是'美'的灿烂出色的伙伴;我几乎不能想象……任何一种美会没有'痛苦'在其中"(林同济译)。人世间可留恋和追求的两件事，值得用心耕耘的"两块田"——"一块是艺术，一块是爱情"（《赎金》）。两者都是"痛苦"的"献身"，都在"忧郁"中追求"快感"，这是永远不得解脱的苦役，可以看作波德莱尔一生的诠释。

> 去做妓女们的情人
> 都很幸福、舒适、满意；
> 而我，却折断了手臂，
> 为了曾去拥抱白云。（《伊卡洛斯的悲叹》，钱春绮译）

于是，只剩下艺术了，对艺术的追求不暇外求，也不会中途变质，只要生命不止，就会痛苦不息；只要痛苦不息，创造的激情就永远燃烧着诗人。孤独、痛苦、厌倦、忧郁，这些词就像是皮肤一样长在波德莱尔身上，它们不会剥落，只是随着时间的流逝，由娇嫩变得粗糙，并长出鲜花般的色斑。

20岁的波德莱尔在给母亲的信中说："如果有一个人年纪轻轻就识得忧郁和消沉的滋味，那肯定就是我。然而我渴望生活，我想有些许的安定、光荣、对自我的满意。某种可怕的东西对我说：妄想；而另一种东西对我说：试试吧。"波德莱尔24岁发表文论，宣告要做"现代英雄"；30岁的灵魂像口"破钟"，"它想用歌声充满凛冽的夜空，它的嗓子却常常会衰弱疲软。"他自封为"忧郁"王国的国君，"我是间满是枯萎玫瑰的闺房"，大脑里结满蛛网，"送葬的长列，无鼓声也无音乐，/在我的灵魂里缓缓行进，希望/被打败，在哭泣，而暴虐的焦灼/在我低垂的头顶把黑旗插上"（《忧郁》，郭宏安译）。他36岁时《恶之花》出版，又致信母亲："我所感到的，是一种巨大的气馁，一种不可忍受的孤独感，对于一种朦胧的不幸的永久的恐惧，对自己的力量的完全的不信任，彻底的缺乏欲望，一种寻求随便什么消遣的不可能……我不断地自问：这有什么用？那有什么用？这是真正的忧郁的精神。"他46岁时，死于母亲的臂弯中。

他曾试过酒，"骑上酒，就像骑上马"，"加速流动得如此之慢的人生"；也曾试过吸食鸦片和大麻，偷步"人造天堂"，寻求"怜悯中的快慰"和"智力放荡"；也曾试过自杀，演出"现代英雄的激情"，几次起念又放下。世间有什么药可以根治心灵的忧伤？幻觉中，诗人身上有"血泉"喷涌而出，流遍城市，"解除每一种造物的干渴"（《血泉》）。"我是吸我心的吸血鬼——一个被处以永久的笑刑，却连微笑都不能的人。"（《自惩者》）

> 我像个画家，上帝嘲弄人，
> 唉！判处我把黑夜来描绘；
> 用令人悲伤的东西调味，
> 我把我的心煮来当食品。（《一个幽灵》，郭宏安译）

"煮心为食",令人想起鲁迅的"抉心自食",同样一种在绝境中挣扎而没有外援的痛苦。"一切皆深渊——行动、欲望、梦幻、语言!"甚至诗人曾经钟爱的人群也是一个深渊!"迷失在这个卑鄙的世界里,被人群推搡着,我像个筋疲力尽的人。我的眼睛朝后看,只见幻灭和痛苦,而前面,只有一场骚动。没有任何新东西,既无启示,也无痛苦。"(《火箭》,张旭东译)那一只能把世界一口吞下的"厌倦"巨兽,只活在诗人心里。世人熙来攘往,何尝有过"厌倦"?那养育过诗人的孤独、给诗人提供过无数人格肖像的人群,从来没有品尝过诗人一样的痛苦,诗人最终却觉得被人群背叛了。他借狗骂人:"你多么像公众啊;对他们,从来不能拿出最美的香水,因为这会激怒他们,而应该拿出精心选择的垃圾。"(《狗和香水瓶》)诗人的命运,就是代替众人受苦吧?那么,"乖些,我的痛苦,要保持安静"(《静思》)。"忧郁由于既不屈从也无希望而成为某种静止的暴力。"(罗贝尔·维维埃语)现实与精神、名利与尊严、人群与自我、生命与时间、地狱与天堂,诗人像个钟摆,在两极之间永久晃荡。突围又突围,一生尝试着"走出地狱","上帝啊!赐给我勇气和力量,让我看着自己并不讨厌!"(《库忒拉岛之行》)。诗歌,只有诗歌,是诗人最后的"一块田",唯一的救赎之道。以诗为筏,逆风而行,反抗命运,泅渡人生苦海。波德莱尔在日记中自我加冕:"每天都要想着成为人中豪杰!""总之,要使自己成为一个伟人和圣人。"诗人应该明白,他给自己戴上的是一顶荆冠!

　　最后,面对存在,他选择未来。这仿佛是现代诗人的宿命。"存在之酒"可以沉醉于一时,可酒醒后的空虚拍浪而来,没有古典的田园(像以往的诗人所迷恋的自然),没有拯救的天堂(像世俗所信仰的归宿),现代诗人的一颗心,总是要跳出时代的肌体之外,与存在撕裂开来,它想寄放在未来。"爱自身所不在的地方,爱未曾相识的女人。"(《月亮的善举》)"哪儿都可以,只要不是在这个世界上。"(《世界之外,哪儿都可以》)"哦,死亡,老船长,起锚,时间到了!……到未知世界之底去发现新奇!"(《远行》)结果,死亡不是归宿,居然变成了诗人的探奇之旅!痛苦却不颓废,诗人有泪;厌倦却不放弃,诗人有心。在波德莱尔反叛的撒旦面具背后,是背负十字架的耶稣!他把浪漫派空泛的旷古忧郁具象化为大都市"巴黎的忧郁",他把萎靡的"世纪病"深化为自我在恶中求美的挣扎,用一生验证了现代文人的宿命。他感到的痛苦是处女在初夜的痛苦,他体味的忧郁是诗人被迫落入现代文明社会如同误入侯门的新嫁娘一般的忧郁。总之,波德莱尔是诗人中的基督,他到来,是为此后的一切现代诗人赎罪。

　　看,波德莱尔的幽灵至今犹在每个城市的街头漫游,以一种"衣衫褴褛的英雄主义"气概,向行色匆匆、表情冷漠的路人耳语:

读我吧,为学会爱我!

或者:

怜悯我!不然我咒你!

【美国】斯蒂芬·克兰
绿原 译

在沙漠里①

为"痛苦"画一幅素描，它会是什么样子？诗人认为，他应该是在荒无人烟的沙漠，在一个生命灭绝之境，没有亲情、没有爱情、没有友情，只有孤独一个，赤裸着身体，没有任何保护，他在啃啮自己的心。

在沙漠里
我看见一个生物赤着身
野兽般蹲在地上，
手里捧着自己的心
一口一口地啃。
我说，"好吃吗，朋友？"
"它苦，是苦的，"他回答，
"但我喜欢它，
因为它苦，
因为它是我的心。"

---

① 选自《外国文学季刊》1982年第1期，《美国现代诗选》，绿原译。

【葡萄牙】佩索阿
张维民 译

啊,多少回,柔美时光①

看见一只小鸟飞过,我就忧伤,所有的柔美时光顿时暗淡无光。我为什么这么敏感?因为我的背脊不长翅膀,只会涌动恐惧的海潮。我渴望,不是变成海鸟,而是在我的生命中自由地轻翔。让我的心灵飞起来,让我的人生飞起来,没有羁绊,没有牵挂,让我自由自在、随心所欲过一生。可惜,谁都想这样,谁都做不到。

佩索阿(1888~1935),20世纪葡萄牙最重要的诗人。

啊,多少回,柔美时光
令我心旷神怡,
但只要一只小鸟儿飞过,
就会令我忧伤!

因为你翱翔在诱人的天空,
那样轻盈、稳健?
因为你展翅在辽阔的苍穹,
从不迷航?

因为你扑棱着翅膀,
象征自由?
生活却不肯给予我给你一样的翅膀,
哪怕灵魂是多么渴望。

我背脊萌生的是恐惧的海潮。
它们无情地把我淹没了,
也淹没了

---

① 选自张维民译《佩索亚诗选》,社会科学文献出版社,1988年版。

我陌生的魂灵。

我渴望，
一千次地渴望。
那渴望不是做沙鸥的美梦，
而是在生命中轻翔的自由。

          1921年8月5日

【美国】默温
梓夫 译

冬日薄暮①

太阳并不是人间的一员，他不像我们，他独自睡进黑暗，不需要同伴；他一天又一天为我们干活，却从不抱怨；他落下去了，心里没有神灵的负担，也不需要宗教的安慰，没有一个上帝需要祈祷，他自己就是人间的上帝。太阳落山，溪水跟踪而至，一声长笛从黄昏的深处缓缓流来……人间静好，大地平安。

默温（1927年生），美国诗人，倾心东方诗歌。

太阳落入清凉，没有伴，
没有为我们干完活后的责难。
它落下去了，心里一无信仰。
当它去后，我听到溪水跟踪而至的流声。
它从很远的地方带来它的长笛。

---

① 选自蔡天新主编《现代诗100首·红卷》，三联书店，2005年版。

【美国】狄金森
江枫 译

我没有时间恨[①]

以恨开始的事业永无完工之日,以爱开始的人生永无停止之时。如果二者择一,那么,让我们相爱吧。可是,世人说:我没有时间恨,我只是在咬牙切齿;我不够时间爱,我只是在寻找爱。世人常常如此悲哀。

我没有时间恨
因为
坟墓会妨碍我
生命
并不那么宽裕
恨,难以完成

我没有时间爱
但是既然
必须做点什么
爱的那点苦工
我以为
对于我,已够繁重

---

① 选自江枫译《狄金森诗选》,湖南人民出版社,1984年版。

我没有时间恨

【法国】米修
杜青钢 译

我的要务[①]

有时候真想这么干呀，像米修老兄一样，把你看不惯的人拍扁又晾干，像对付一团脏泥，把他塞进杯子里，倒在地上，然后扬眉吐气地大喊："给我拿只干净杯子来！"可是，这么做过后，我会浑身不自在。毕竟，我们没有权利这样对人，就像别人没有权利这样对我；毕竟，阿Q的精神胜利法并不能麻醉正常人的理智，也解决不了任何问题。

米修（1899~1984），法国诗人，诗风奇幻幽默，认为诗歌有"驱魔"效果，用文字的力量熔炼现实之恶，吐出人心中的浊气。米修对东方文化情有独钟。

我很难看见人而不想揍他一顿。别人爱搞内心独白，我不，我爱动手打人。
饭馆里，常有人坐在我对面，什么也不说，过了片刻，他们决定吃饭。
瞧！正好来了一个。
哈，我替你抓住他，一敲，梆！
又抓起他，一敲，梆！
把他挂在衣架上。
取下来，
又挂上。
再取下来，
搁在桌上，
铺平，压得扁扁的。
弄脏，泡湿。
他又活了过来。
在水里洗一下，把他拉长（我有些不耐烦了，想尽快了结），按他，揉他，把他

[①] 选自杜青钢译《我曾是谁·法国诗坛怪杰米修诗选》，漓江出版社，1991年版。

塞进杯子里,然后公然倒在地上,对茶房喊一声:"给我拿只干净杯子来!"

可是,我浑身不自在,付完账,急忙走了出去。

【古罗马】贺拉斯

飞白 译

我讨厌庸俗的人群①

东西方的古人,对人生的看法何其相似:财富累人,贪婪和奢侈,使人庸俗不堪。那填海造田、争权夺利的人,"战船上,忧虑与你同乘;马鞍上,忧虑与你同骑"。而知足者常乐,"温柔的梦不嫌弃简陋的茅屋",何必用朴素的生活去交换累人的财富?

贺拉斯(前65～前8),古罗马诗人,有《歌集》四卷,自信"我建成一座纪念碑,比青铜耐久,比帝王的金字塔更崇高巍峨"。另有诗体书札二卷,其中一封就是广为人知的谈论诗歌创作经验的《诗艺》。

我讨厌庸俗的人群,我避居
而缄默。作为诗神的祭司,
  我只把从未听过的歌
    献给你们——少男和少女。

可怕的帝王只统治他的臣民,
帝王自身又受尤庇特统治,
  挟战胜巨人族的余威,
    他以一颦一蹙把万物控制。

不错,有的人种植的葡萄园
比别人大;在露天大剧场上
  有的候选人凭出身高贵,
    有的凭人品和个人名望,

也有人凭的是家臣食客们
人多势众;但公平的必然性

---

① 选自飞白译《古罗马诗选》,花城出版社,2001年版。

把诸姓摇在同一个瓮中:
　　　　不分贵贱,把命运扯平。

如果头顶有一把出鞘的剑
高悬,哪怕有西西里的盛宴
　　　也将食不甘味,哪怕有
　　　　　百啭的鸟鸣、悠扬的琴弦

也难安眠。温柔的梦不嫌弃
农民居住的简陋的茅屋,
　　　不嫌弃荫凉的河岸
　　　　　或和风吹拂的坦佩幽谷。

如果能知足常乐,你就不会
遭受海上风浪的狂暴折磨,
　　　不会见到牧夫星沉没
　　　　　山羊星升起就惊慌失措。

也不会因葡萄园遭了雹灾
或农庄失收,时而抱怨
　　　雨水多,时而抱怨天旱
　　　　　或冬季严寒而满心忧烦。

鱼类发觉它们的海水变窄——
石堤把它们围困起来。建造者
　　　叫大群奴隶填下石块;
　　　　　看不起陆地的主人向海

扩展。但不论主人来到哪里,
恐惧和威胁和他形影不离;
　　　战船上,忧虑与你同乘,
　　　　　马鞍上,忧虑与你同骑。

既然佛里几亚名贵大理石、
比星星更为灿烂的紫红袍、
　　　法莱尔努斯美酒、波斯
　　　　　甘松香都不能解除烦恼,

我又何必营造新式的厅堂，
立起高高的圆柱招人嫉妒？
我又何必用萨宾山谷
　　去换更重更累人的财富？

【法国】波德莱尔
亚丁 译

人 群①

"享受人群的美味是一门艺术。"诗人认为,在人群中孤独漫游,是一种"神秘的沉醉"和"深广的幸福"。诀窍是"使孤独充满人群",把臃肿的无面目的人群分解为单个的面目清晰的人,诗人混迹于人群,可以随心所欲地变换角色,使自己成为任何一个别人,"犹如那些寻找躯壳的灵魂"。他在人群中寻找特殊的个人,选定目标后一路尾随,一直把目标追踪到诗笺上,用深思熟虑的诗句捕获。诗人不是观察者,而是亲历者、体验者,他在人群中体验无限丰富的永远新奇陌生的多面人生。是诗人,给人群注入了灵魂。

并不是每一个人都可以在人群的海洋里漫游。要知道享受人群的美味是一门艺术。而只有这样的人才能做到:与所有同类人不同,他生机勃勃、食欲旺盛,在襁褓中,神仙就使他染上了乔装改扮、戴纱掩面的癖好,又为他造就了厌烦家世喜欢出游的毛病。

人群与孤独,对于一个活跃而多产的诗人来说,这是两个同义词,它们可以互相代替。谁不会使孤独充满人群,谁就不会在繁忙的人群中独立存在。

诗人享受着无与伦比的优惠,他可以随心所欲地使自己成为他本身或其他人。犹如那些寻找躯壳的游魂,当他愿意的时候,他可以进入任何人的躯体中。对他自己来说,一切都是敞开的;如果说有什么地方好像对他关闭着,那是因为在他眼里看来,这些地方并不值得一看。

孤单而沉思的漫游者,从普通的一致中吸取独特的迷醉。他很容易地置身于人群当中,尽尝狂热的享乐。这些狂热的享乐,是那些像箱子一样紧闭着的利己者,和像软体动物一样蜷曲着的懒惰者永远也得不到的。他接受任何环境给予他的任何职业、任何苦难和欢乐。

与这些难以形容的狂喜、与献身于诗歌和怜悯的灵魂、与突如其来的一切

---

① 选自波德莱尔《巴黎的忧郁》,亚丁译,漓江出版社,1982年版。

历险、与陌生的过路人相比,人们常说的爱情是多么的渺小、有限和虚弱啊!

不妨告诉那些世上的幸运儿,哪怕只是为了煞煞他们愚蠢的骄气,天底下还有比他们的更大、更广、更深的幸福。殖民地的拓荒者,人民的牧师和浪迹在世界另一端的传教士们,也许会尝到一些这神秘的沉醉吧?他们置身于为自己的天性而建造的广阔的家庭之中,有时会笑那些为他们不安定的命运和朴素的生活而抱怨的人们。

【美国】庞德
赵毅衡 译

反 叛①
——反对现代诗的蒙昧精神

这个世界不够好,重新再造一个世界吧。几乎每个时代都有人这么想。一百年前,美国诗人庞德就企图"反叛"。这浑浑噩噩、慢慢老死的就是人吗?这形容惨淡的幻象就是人吗?人是活着还是在做梦?如果人类命定不能做人,而只能做梦,那么,上帝,给梦以生命吧。人类的梦一定比人类的现状要生机勃勃吧?让我们成就伟大的梦吧!如果不行,如果人只能长成如此细小的蜉蝣,那么——庞德为上帝设计的手法如此干脆——"我就吩咐你抓住混沌,生下堆成山的卵,养出一代巨人,重新扰乱这个世界。"

再来一遍的想法,所有曾构思"乌托邦"的聪明人都有过,哲人尼采有过,战犯希特勒做过,而庞德,在二战时也参与到墨索里尼的疯狂中,做法西斯的喉舌,或许,他就是要实现年轻时代的反叛之梦吧?战后,庞德因此下狱。这世上并不存在扭转乾坤的"泥水匠",人类已经这样存在于地球,大约还会继续存在下去,人类只能慢慢摸索自己的命运——给人类以时间。

庞德(1885~1972),美国现代诗歌运动的开篇诗人,发起"意象主义",开拓现代派"智性诗",率先"改译"中国诗,艾略特称他是"为当代发明了中国诗的人"。

我要甩开当世的嗜眠症,
用权力的形状代替阴影,
用人代替梦。

"难道做梦比做事强?"
　　　　　　对!不对!

---
① 选自赵毅衡编译《美国现代诗选》,外国文学出版社,1985年版。

对!要是我们梦到的是伟大的事业,
　　刚毅的人,
热烈的心,强有力的思想。

不对!要是我们梦到的是幽淡的花,
时光的行列缓步前行,慵懒地
坠落,好像水杨树上落下烂熟的果。
如果我们生生死死都不是活着而是在做梦,
上帝,给梦以生命吧,
不是调笑,是生命!

让我们成为做梦的人,
不是懦夫、半瓶醋、守株待兔者,
等待死去的时间复生,并给无名的
疾病涂上香膏。

上帝,如果我们命定不能做人,而成为梦,
那么,让我们成为使世人颤抖的梦,
使他们知道我们虽是梦犹是统治者!
让我们变成使世人颤抖的影子,
使他们知道我们虽是影子犹是主人!

上帝,要是人只能成为形容惨淡的幻象,
只能生活在迷雾里,幽暗的光中,
每当朦胧的时辰在头上敲响,或者
走过他们身边的脚步太重,他们就发抖,

上帝,要是你的子孙都长成如此细小的
　　蜉蝣,
我就吩咐你抓住混沌,生下
堆成山的卵,养出一代巨人,重新
扰乱这个地球。

　　　　　　　　　　　　　　1909年

【英国】拜伦
查良铮 译

我没有爱过这世界①

  拜伦（1788~1824），十岁的勋爵，剑桥大学的浪子，以死人的头骨作酒杯，偶尔涂抹几首以《懒散的时刻》为总题的幼稚的诗篇。当评论界权威奉劝他：别写诗了，有精力玩儿去吧。几句撩拨把一个顽劣的猕猴刺激成咆哮的狮子，拜伦立意"独自反抗你们全体"，卧薪尝胆近一年，抛出长诗《英国诗人与苏格兰评论家》，对文坛名宿一一鞭笞，波澜陡起，拜伦却一走了之，周游列国去了。回国后，两章《恰尔德·哈洛尔德游记》以贵族式的忧郁和感伤征服了古板的英国人，拜伦一夜成名，成为伦敦社交界的宠儿。数年后，一段草率婚姻的迅速破裂，使拜伦一夜之间又变成社交界的弃儿。所有的人都向他泼脏水，拜伦的名字成了恶棍、暴虐、淫荡的代名词，嫉妒他的文人从他的诗中窥视到反宗教、反政府的迹象。祖国已经变成敌国，"假如人们叽叽喳喳地议论着的一切全是真事的话，我就不配住在英国；假如这些全是造谣中伤的话，英国就不配让我居住"。拜伦从此一去不归，直到捐躯于希腊民族解放运动的前线。浪子拜伦成为"诗坛的拿破仑"，他的精神之光照耀世界。

  拜伦写了十几部叙事诗，他笔下的人物都打上了苦难而绝望的印记，人称"拜伦式的英雄"。他们共同的特征是"我宁愿永远孤独，也不愿用我的自由思想去换一个国王的宝座"。他的"哈洛尔德"带着诗人自身的浪子本色，宣称"我没有爱过这个世界"，但依然相信"善不只是空话，幸福并不只是梦想"。他的"曼弗雷德"，一个铁骨铮铮的男子汉，对天堂和地狱全部绝望的彻底孤独的形象，威风凛凛地矗立在人类精神的绝域。他的"该隐"，把《圣经》中的人物塑造为第一个怀疑的人类，以初生人类的赤子之心质疑上帝这个铁石心肠的暴君给人带来的全部苦难，这是人类审判上帝的最大胆的诗篇。他的"唐璜"，"一边指着世界和人性的本来面目，一边对着读者大喊：见识一下这些东西吧"（勃兰兑斯语，见

---

① 选自查良铮译《拜伦诗选》，上海译文出版社，1982年版。

《十九世纪文学主流》)。拜伦对《唐璜》非常自信:"这是一部正像《伊利亚特》之体现了荷马时代的精神一样体现了当代精神的史诗。"

拜伦四海为家,他笔下的英雄从最早的哈洛尔德到最后的唐璜,无不是在海上漂荡,仿佛只有在海上才能自由地呼吸。大海,不只是人物活动的背景,而是代表着人物的血液、性格、语言和生命。没有哪位诗人像拜伦那样将大海挥霍无度了,他的语言像海啸,他的节奏像波浪,他的气势像潮水,他的诗篇就像大海所诞生的活泼泼的圣灵。他以大海作歌喉,唱响的都是自我之歌。

拜伦是深爱过这个世界的,只不过他用的是一种骄傲的方式,他不是匍匐在世界的脚下爱它,而是骑在它的脖子上爱它。

我没有爱过这世界,它对我也一样;
我没有阿谀过它腐臭的呼吸,也不曾
忍从地屈膝,膜拜它的各种偶像;
我没有在脸上堆着笑,更没有高声
叫嚷着,崇拜一种回音;纷纭的世人
不能把我看作他们一伙;我站在人群中
却不属于他们;也没有把头脑放进
那并非而又算作他们的思想的尸衣中,
一齐列队行进,因此才被压抑而致温顺。

我没有爱过这世界,它对我也一样——
但是,尽管彼此敌视,让我们方方便便
分手吧;虽然我自己不曾看到,在这世上
我相信或许有不骗人的希望,真实的语言,
也许还有些美德,它们的确怀有仁心,
并不给失败的人安排陷阱;我还这样想:
当人们伤心的时候,有些人真的在伤心,
有那么一两个,几乎就是所表现的那样——
我还认为:善不只是空话,幸福并不只是梦想。

【英国】狄更斯
薛菲 译

你不要挤,世界那么大①

狄更斯(1812~1870),英国著名小说家,长篇小说《大卫·科波菲尔》《匹克威克外传》等有广泛的读者,他也偶尔写诗,表示明白通达的训导。世界够大,容得下我,也容得下你。你在追求生活的时候,千万给别人留有余地。可是,总有人想把别人排挤出局,似乎世界只容他独自游戏。这是因为,世界太小,人的欲望太大。

你,不要挤!世界那么大,
它容纳得了我,也容纳得了你。
所有的大门都敞开着,
思想的王国是自由的天地。
你可以尽情地追求,
追求那人间最好的一切。
只是你得保证,
保证你自己不使别人感受压抑。

不要把善良从心灵深处挤走,
更得严防丑恶偷偷潜入你心底。
给道德以应有的地位,
给每一件好事以恰当的鼓励;
让每一天成为一项严峻的记录,
面对着它,你应当问心无愧;
给人们生的权利,活的余地,
可千万,千万别挤!

---

① 选自华宇清编撰《金果小枝——外国历代著名短诗欣赏》,黑龙江人民出版社,1982年版。

【美国】桑德堡
申奥 译

自由是一件衣服①

  对于有些人，自由是廉价的破衣烂衫；对于另一些人，自由要用生命去换取。能够充分享受自由的人，不觉得自由的可贵，就像有一口好牙的人，不到牙痛的时候不会想到牙齿的存在。诗的结尾打出一串漂亮的排喻，以行、跑、吃、喝为例，告诫人们，自由与节制是一对孪生姐妹，在你追求自由的时候，可别把节制得罪。

  桑德堡（1887~1967），出身平民，是惠特曼期待已久的那类民主诗人，他粗犷的风格和惠特曼式的叫喊给过于斯文的诗歌传统注入了元气。诗人兼收豪放与婉约之长，自称"得自于狄金森者胜于得自于惠特曼者"。

自由是一件衣服
一件破旧的外套
有些人生来就穿它
有些人却从来就不知道它。
自由是廉价的
或许它又是一件
贵重的外衣
人们宁可为它付出生命
而不愿没有它。
自由是令人迷惑的：
人们占有它的时候
往往不知道有它
直到它失去，没有了
他们才想到它。

---

① 选自申奥译《美国现代六诗人选集》，湖南人民出版社，1985年版。

这意味着什么?
它是一个谜吗?
是的,它首先
载入谜语的入门课本。
自由就是如此:
你又能,你又不能;
行路的人只有
不偏离他们的自由
才能有自由;
奔跑的人只有不跑太累
他们才有自由;
食者往往吃得太饱
把他们的自由吃掉;
而饮者喝得太多
喝掉了他们美好的饮水的自由。

我没有时间恨

【波兰】希姆博尔斯卡
林洪亮 译

在一颗小星下①

  为我没做好的事道歉，为我做不到的事道歉，向人世间的缺憾道歉，向完美的精神道歉。抱歉呀，人们，我在按我的方式生活，我没有代替你们去受难，也没有取代你们去享乐，我只是我，一个凡人，而不是神灵、不是圣母。在有些事情上，我也许做得不像个英雄；在有些时候，我甚至没能保住自尊。世界呀，我抱歉，请高邈的真理不要太注意我，请高贵的尊严不要太苛求我，请灵魂不要责怪我的冷落，我只是想轻松一点生活。毕竟，我只是存在于一颗小小的星球上的一个小小的我。20世纪中国头号自由主义者胡适，临终前曾留下一句忠告："宽容比自由更重要。"

  希姆博尔斯卡（1923～2012），波兰女诗人。1996年"由于其在诗歌艺术中精辟、精妙的反讽，挖掘出了人类一点一滴的现实生活背后历史更迭与生物演化的深意"而获得诺贝尔文学奖。

我把巧合称为必然而向它道歉，
我有可能弄错而向必然道歉。
请幸福不要因为我把它占为己有而愤怒，
请死者忘记我，因为我很少记起他们。
我为逝去的世界分成许多秒而向时间道歉，
我为把新欢当成初恋而向旧爱道歉。
请原谅我，远方的战争，原谅我把鲜花带回家中，
请原谅我，敞开的伤口，我又刺破了手指头。
我为小步舞曲的唱片而向在深谷中呼救的人道歉，
我为早上五点还在睡觉而向火车站的人道歉。
原谅我，被追求的希望，原谅我的开怀大笑，

---

① 选自希姆博尔斯卡《呼唤雪人》，林洪亮译，漓江出版社，2000年版。

原谅我，荒漠，我连一小匙水都没有带来。
还有你，隼鹰，多年来依然如故，还在同一个鸟笼里，
永远一动不动地凝视着同一个地点，
原谅我吧，即使你被制成了一只标本。
我要为桌子的四脚而向被砍伐的树木道歉，
我要为小回答而向大问题道歉。
真理啊，请你不要太注意我，
尊严啊，请你对我更宽宏大度些。
容忍吧，存在的神秘，请原谅我拆掉你长裙上的针线，
灵魂啊，请不要指责我很少谈到你。
我要为不能到每个地方而向一切事物道歉，
我为我不能成为每个男人和女人而向所有人道歉。
我知道，只要我活着，就无法证明自己的公正，
因为是我自己妨碍我自己。
言语啊，请不要怪罪我借用了庄严的词句，
以后我会竭尽全力使它们变得轻松。

【英国】济慈
朱维基 译

一件美好的事物永远是一种欢乐①

有多少美好的事物默默地存在,为什么我们的眼睛熟视无睹?一个美的形体,可以剥去我们阴暗精神的棺衣。日月星辰的辉煌,从森林到水仙的绿色深情,小溪和玫瑰的柔情,古人所设想的壮丽的命运,一切美妙的故事,一切亲切的事物,人类精英的光芒,月光,诗歌之光,都将变成鼓舞我们灵魂的光,与我们相伴终生。美是永恒的喜悦,让我们睁开双眼,去发现并沉醉于快乐。

济慈(1795~1821),英国浪漫派杰出诗人。

一件美好事物永远是一种欢乐:
它的美妙与日俱增;它决不会
化为乌有;而是会使我们永远有
一座幽静的花亭,一个充满美梦,
健康,和匀静的呼吸的睡眠。
因此,每天早上,我们都在编织
一根绚丽带子把我们束缚于人世,
不管失望,不管无情的人缺少高贵的
本性;不管愁苦的岁月,不管设下
为我们搜索的不健康的黑暗的道路:
是呀,不管一切,一个美的形体
从我们阴暗的精神上移去棺衣。
太阳,月亮,为天真的羊群长出
绿荫的古树和幼树就是这种事物;
水仙和它们生活其间的绿的世界,

---

① 选自朱维基译《济慈诗选》,上海译文出版社,1983年版。本文节选自叙事诗《恩狄芒》的开篇,标题为编者所拟。

为自己造好凉荫以御炎季的清溪，
满洒着麝香玫瑰的林中的丛薮，
都是这种事物：我们对伟大的古人
所想象的命运的壮丽，我们所听到
或读到的一切美妙的故事也都是
这种事物：从天的边涯向我们
倾注的一支不尽的琼浆的源泉。

我们感到这些精英也不只是
短短一个时辰；不，正如环抱着
庙宇低语的树木不久变得像庙宇本身
一般亲切，月亮，热情的诗歌，
无限的光荣萦绕我们，直到变成
鼓舞我们灵魂的光，紧紧和我们相连，
不论天上是阳光还是阴云，必须
始终和我们在一起，不然我们就死去。

【德国】席勒
邓映易 译

欢乐颂[①]

欢乐女神圣洁美丽，灿烂光芒照大地。一个美好的思想把两个伟人连接在一起：席勒和贝多芬。席勒（1759~1805），与歌德齐名的作家，有戏剧《阴谋与爱情》等。他26岁时，隐居莱比锡僻静的乡村。一天早晨，他从河中救上来一个自杀的神学院学生，并善言开导，给予他重新生活的勇气。诗人因此事触发，写作了《欢乐颂》。席勒夫人评说："他的心，他的爱，是属于他所见到的那个世界的。"

贝多芬（1770~1827）在青年时代曾被这首诗打动，酝酿为它谱曲。直到1823年，53岁的失聪乐圣终于达成心愿，在他用了六年的时间创作的辉煌巨作《第九交响曲》中，把《欢乐颂》节选作为第四乐章的"终曲合唱"，成为整个交响曲的高潮。贝多芬气势磅礴的音乐不仅传达了原诗的精神气质，并弘扬和超越了原作的境界，充满了鼓舞人心的激情以及对全人类、对人类未来的热爱。

　　欢乐女神圣洁美丽，
　　灿烂光芒照大地！
　　我们心中充满热情，
　　来到你的圣殿里！
　　你的力量使人们
　　消除一切分歧。
　　在你光辉照耀下面，
　　人们团结成兄弟。

　　谁能做个忠实朋友，

[①] 选自山立编《中外名歌666首》下册，北京十月文艺出版社，1990年版。标题为编者所拟，原题"欢乐女神，圣洁美丽"。

献出高贵友谊。
谁能得到幸福爱情,
就和大家来欢聚!
真心诚意,相敬相爱,
才能找到知己,
假如没用这种心意,
只能让他去哭泣。

在这美丽的大地上面
普世众生共欢乐!
一切人们不论善恶,
都蒙自然赐恩泽,
它给我们爱情美酒,
同生共死的好朋友,
它让众生共享欢乐,
天使也高声同歌唱。

【俄国】莱蒙托夫
余振 译

帆①

有时候,我们不愿再忍受环境的压迫,厌倦了平静死寂的生活;有时候,我们体内那一头名叫青春的怪兽,它要跳出来,扑向广阔无边的远方。这时,我们的脊椎就会轧轧作响,我们的心灵就会升起孤帆,扑向未知世界的海面,我们渴望它掀起滔天巨浪,我们祈求风暴,仿佛在风暴中才有安详。

莱蒙托夫(1814~1841),继普希金之后俄国最伟大的诗人、小说家。

在那大海上淡蓝色的云雾里,
有一片孤帆儿在闪耀着白光!
它寻求着什么,在遥远的异地?
它抛下什么,在可爱的故乡?

波涛在汹涌——海风在呼啸,
桅杆在弓起了腰轧轧地作响……
唉!它不是在寻求什么幸福,
也不是逃避幸福而奔向他方!

下面是比蓝天还清澄的碧波,
上面是金黄色的灿烂的阳光……
而它,不安的,在祈求风暴,
仿佛是在风暴中才有着安详!

1832年

---

① 选自余振译《莱蒙托夫诗选》,上海译文出版社,1980年版。

【美国】桑德堡
赵毅衡 译

钢的祈祷[1]

  去做一根钢钎，撬动古老的地基，改造一个旧世界；去做一枚钢钉，拽紧摩天大楼的主梁，把头颅升向星空，建设一个新世界。

  请把我放上铁砧，哦，上帝，
  捶我，揍我，打成一根撬棍，
  让我撬动古老的墙，
  让我拆松古老的地基。

  请把我放上铁砧，哦，上帝，
  捶我，揍我，打成一根钢钉，
  把我钉进拽紧摩天楼的大梁，
  用烧红的铆钉安我在主梁上，
  让我做个大钉拽紧摩天楼，使它穿过深蓝的
    夜空，刺进银白的星群。

1918年

---

[1] 选自赵毅衡编译《美国现代诗选》，外国文学出版社，1985年版。

【波兰】米沃什
韩逸 译

鱼[①]

当群众的疯狂淹没了我的独语，当锣鼓的喧闹窒息了我的声带，当喇叭的尖叫刺穿了我的耳膜，我又聋又哑像一条鱼。可是沉默非我所愿，我只是没有说话的权利。与其做个有口难言的人，不如变成没有声带的鱼。

米沃什（1911~2004），波兰诗人，1980年因"以不妥协的敏锐观察力，描述了人类在激烈冲突世界中的赤裸状态"而获诺贝尔文学奖。

在狂呼乱叫之中，在神魂颠倒的呓语里，
　　在喇叭尖叫、锣鼓喧闹的场合
保持分寸便是最有力的抗议。
普通人已经失去了说话的权利
像鱼张着嘴巴在养鱼缸中默默地游觅。
我对命运的安排逆来顺受。毕竟我只不过是人。
然而我感到痛苦，渴望变成和鱼一样的生命。

1974年

[①] 选自诗刊社编《诺贝尔文学奖获得者诗选》，中国文联出版公司，1986年版。

【苏联】梅热拉伊蒂斯
孙玮 译

头 发①

都说"伍子胥一夜愁白了头",都说"高堂明镜悲白发",现在,有诗人说:"是由于极度的幸福,它把心头的灾难克服,我的头变得明亮灿烂。"能够笑对苦难的人有福了,敢于正视衰老的人有福了,他的风骨屹立不倒,他的生命照耀四方。

梅热拉伊蒂斯(1919年生),苏联诗人。

你问,为什么我的头发老早就花白了,发亮了,
它过去不是耕过的田地一样乌黑一片?
是由于极度的幸福,它把心头的灾难克服,
我的头变得明亮灿烂。

当灾难最终从心头消逝和隐去的时候,
我的白发上就再也不会有一根黑线闪烁。
就像白花花的苹果树,只要我在村边长大,
我就将屹立,就将照耀。

---

① 选自梅热拉伊蒂斯《人》,孙玮译,外国文学出版社,1991年版。

【瑞士】黑塞
钱春绮 译

被截短的橡树①

向树学习吧,师法自然。树被人砍断了,它再生的意志还在;我的温良和柔情被世人断送了,我的本性仍在。"我顶住一切烦恼忧伤,依旧热爱这疯狂的世界。"

树啊,你怎么被人们截短,
看上去多么异样而离奇!
你吃过多少次的苦头,
直到你内心只剩有反抗和意志!
我像你一样,过着挨剐的、
受苦的生活,但不灰心,
每天忍受野蛮的对待,
又重新抬头面向光明。
我内心里的温良和柔情,
被世人嘲笑,断送个干净,
但我的本性破坏不了,
我不记仇,满足而耐心,
从受尽千刀万剐的枝头,
又把新叶子长了出来,
我顶住一切烦恼忧伤,
依旧热爱这疯狂的世界。

---

① 选自钱春绮译《黑塞抒情诗选》,百花文艺出版社,1989年版。

【英国】弥尔顿
陈维杭 译

致西里克·斯金纳①

弥尔顿(1608~1674),家境富裕,17岁入读剑桥大学,毕业后用五年时间在家遍读古典名著,游历欧洲,拜访过伽利略。青年时期主要从事政治活动,参与过外交事务,写论战的小册子为清教主义的革命政权辩护。王朝复辟后曾被监禁。1652年双目失明,年仅43岁。中老年时闭门著述,用口授的方法写下史诗巨著《失乐园》《复乐园》《力士参孙》。

一个盲人成为诗歌巨匠,这是人的生命意志所创造的一例神奇佳话。弥尔顿如何对待失明呢?他说:"是为了捍卫自由,我用力过度才失去光明。我既不抗议上苍,也不让雄心退缩一寸。支撑我的是良心。我眼睛虽瞎,但心中知足而悠游。"想想荷马,想想海伦·凯勒,想想陈寅恪,这些都是盲人英雄。

西里克,三年来我这眼睛全失了神,
它尽管外表上没有斑点,没有污垢,
被削夺了光,已忘掉了看。一年到头
这废眼珠里再没出现过日月星辰,
再没出现过一个男人或一个女人。
可我只坚定、忍耐、向前行。没有抗议,
没有反对上帝的手或苍天的旨意,
也绝对没有让我的希望减少半分,
心,退缩一寸。什么在支持我?你要问。
良心!朋友,意识到:是为了捍卫自由
我才用力过度而永远失去了它们!
我这神圣的使命现已传遍了全欧。

---

① 选自王佐良主编《英国诗选》,上海译文出版社,1988年版。

这认识会带我——若无更好的带路人——
走过人世的舞台，瞎，但知足而悠游。

【阿根廷】博尔赫斯
王永年 译

玫瑰与弥尔顿①

这是一个盲诗人写给另一个盲诗人的诗篇，谈论的是玫瑰的色彩和诗歌的玫瑰园。这种行为本身，是对命运多么强烈的蔑视！

博尔赫斯（1899~1986），阿根廷诗人、小说家、翻译家。

一代又一代的玫瑰
在时间深处相继消失，我希望
逝去的事物中有一朵不被遗忘，
没有标志或符号的一朵。

命运给了我天禀
叫出那朵沉默的花的名字，
弥尔顿凑在面前
却看不见最后的一朵玫瑰。

啊，一个模糊的花园里
朱红、淡黄或纯白的玫瑰，
神奇地留下你古老的往昔，
在这首诗里焕发出光彩。

看不见的玫瑰金黄、殷红、象牙白，
或者像你手里那朵一样昏暗。

---

① 选自《博尔赫斯全集》，浙江文艺出版社，1999年版。

【土耳其】希克梅特

铁弦 译

还是那颗心，还是那颗头颅[1]

"我像一粒子弹似的穿过十年被俘的岁月"，真是妙手偶得的佳句。子弹，尖锐、急速、直奔目标，穿透苦难，把十年牢狱一笔勾销，勇往直前地到达今天，到达你的身边。我心依旧，我头依旧。

希克梅特（1905~1962），土耳其诗人。因从事革命活动多次被捕，前后坐了十七年监狱。后流亡苏联。

亲爱的，不，这绝不是空谈：
我像一粒子弹似的穿过十年
　　被俘的岁月，
就任凭在这途程中，我得了病吧，
我还是那颗心，还是那颗头颅。

---

[1] 选自华宇清编撰《金果小枝——外国历代著名短诗欣赏》，黑龙江人民出版社，1982年版。

【法国】雅姆
葛雷 译

天要下雪了①

天要下雪了。每年的这个时候,我总是要收拾一番古老的哀愁,把所有的事情从头想一遍。真是好笑啊,我们为什么要想,要说?我们的眼泪和亲吻不说话,我们也懂得它们;一个雪夜来访的朋友比一纸问候更温情。人们多嘴多舌,给星星取了名字,也不想想它们是用不到名字的;清点流星的数目,并不妨碍它们划过天宇。今夜,风雪将至,我去年的古老哀愁离我而去,那些哀愁原本并没有什么,我不用多嘴,我只要安静。

雅姆(1868~1938),法国乡村诗人,以质朴的诚意动人。

几天内就要下雪了,我想起
去年的今日。我想起火炉角上②
我的哀愁。假如有人问我"怎么啦?"
我将回答:"让我安静,没什么。"

往年,我在自己的房间深深地思索,
当外面大雪沉重地降落。
我无端地思索,而今就像当年③,
我吸着带琥珀嘴的木烟袋又开始思索。

我的老栎木柜橱依旧散发着芳香,
但我却愚木起来,因为这些东西
总是一成不变④,因为我摆出
想把我知道的事情全部赶走的架子。

---

① 选自蔡天新主编《现代诗100首·蓝卷》,三联书店,2005年版。
② 雪天进入回忆,回忆的语调是缓慢的。
③ 去年的雪天和今年的雪天的比较。
④ 我发生了变化。

我们为什么要想，要说？真好笑。
我们的泪我们的吻它们不说话。
我们却懂得它们，一位友人的
脚步比甜蜜的话语还温存①。

人们给星斗洗礼，不用想
它们不需要命名，美丽的彗星
在夜空出现的次数的数字
对它们没有任何的压力。

而今，我去年的古老哀愁
何处去了？它们只给我留下朦胧的影子，
假如有人来到我的房间问我"怎么啦"，
我要说："让我安静，这没有什么。"②

---

① 寂寞总是无声的。
② 雪天的哀愁表面看来是安静的，波动都在雪下面了。

【英国】詹姆斯·汤姆逊
杜苕 译

礼 物①

男人一生需要什么样的礼物？或者说，一个男人需要什么样的装备来闯荡世界呢？诗人开列了一份礼单：骏马一匹，帆船一艘，像样的身份，若干财富，力量无限，健康无恙。这是大宗礼品，还有小额附件：烟斗一只、好书一本、住房一座——面积不限，只要可以乱扔臭袜子。最后还有大奖两项：相爱的姑娘一个，伟大的心肠一副。男人的欲望是否太强大了？这些玩意儿加起来，不就是一个世界吗？的确，一个男人需要的是整个世界。那些大宗礼品，只是男人闯荡世界的基本装备；那些小额附件，是男人希望的生活方式；而两项大奖，只能落到少数幸运儿头上。且慢，说了半天，这些礼物谁送呀？还不是靠男人自己，向世界去索取！

给个男子一匹骏马让他能鞭儿飞扬，
给个男子一艘帆船让他能迎风出航；
还给他以身份和财富，力量和健康，
使他在海上无往而不顺当。

给个男子一只烟斗让他能抽得舒爽，
给个男子一本好书让他能细读细赏；
还给他一座平静愉快的明亮住房，
即使那屋子十分破烂和肮脏。

给个男子他能相亲相爱的姑娘，
亲爱的，就像我爱你那样；
还给他与命运同脉搏的伟大心肠，
在家里，在大陆，在海上。

---

① 选自华宇清编撰《金果小枝——外国历代著名短诗欣赏》，黑龙江人民出版社，1982年版。

【苏联】马雅可夫斯基
飞白 译

穿裤子的云①

马雅可夫斯基
——一朵穿裤子的云

我的灵魂没有一丝白发，
也没有老头儿的温情和想入非非。
我声如炸雷，震撼世界，
我来了——挺拔而俊美，
二十二岁。

  那时候我读大三，19岁，一脸苍白，正为改变自己忧郁的个性而辛苦地自我炼钢。遭遇22岁的俄国青年写的这首奇诡瑰丽的诗篇，我的心中像烧起一堆烈火，它粗鲁地撕下我忧伤的表皮，拎起我一根根脆弱的神经痛快地捶打。好多天以后，我才认清窗外的阳光，我的声带渐渐粗犷。

  这首抒情长诗有个奇怪的标题，正合我当时的口味——《穿裤子的云》。诗的原题为《第十三名使徒》，大张旗鼓地以叛逆自居，被沙皇检察机关禁止。那么，"随你的便吧，我可以变成一个嗜肉的狂人；随你的便吧，我也可以温柔得让你挑不出毛病，不是男人，而是一朵穿裤子的云"。"云"，是一个超越现实的经典形象。曾经，巴黎的游魂波德莱尔喃喃自语："我爱云……过往的浮云……美妙的云！"（《巴黎的忧郁·陌生人》）如今，莫斯科的游魂马雅可夫斯基给"云"穿上了裤子，意欲何为？夫子自道："我看作是对今日艺术的基本信念：'打倒你们的爱情'，'打倒你们的艺术'，'打倒你们的制度'，'打倒你们的宗教'——这就是四部曲的四个呐喊。"

  为什么要如此粗暴地挥动拳头？1915年，沙俄继十年前对日战争失

---

① 选自飞白译《马雅可夫斯基诗选》上卷，上海译文出版社，1981年版。

败后又陷入对德战争的泥沼，社会疲敝，怨声四起，沙皇专制摇摇欲坠，文坛充斥着陈词滥调。这时的马雅可夫斯基（1893~1930），22岁，一个硕大无朋的格鲁吉亚巨人，身着"印象所到之处使人披靡"的黄色短外衣（"未来主义"诗人的旗帜），流浪在莫斯科的街头，"无家可归，破烂的口袋里，只装着两只大手"。到处露宿，"用一身皮肉来学习地理"，"最经常的住宿处是林荫路上"。或者，猫在城市一角的诗人咖啡馆里，用酒精喂养雄心和浇灌卑劣（致女友的信："咖啡馆使我变得卑劣，简直是一个小臭虫窝。"），然后，在听众的嘘声中朗诵想象奇瑰、愤世嫉俗的诗篇——一个"愤怒的青年"的俄国版预演。心中膨胀着"巨大的爱，巨大的恨"，"我胀满了诗的乳汁，却流不出一滴；似乎再也无处可装，它却还在膨胀。我是世界的奶妈，被抒情诗胀得痛苦异常"。诗胎暗结一年有余，终于诞下了这朵"穿裤子的云"。

> 即便我是一尊铜像，
> 即便我的心——生铁铸就，
> 夜间也想把自己的铿锵
> 藏进女性的
> 温柔。

22岁，青春发酵，欲望狂野，生命饥饿，爱情，是它唯一的主食。一旦失恋，怎么得了？诗人烧着了，整个一团燃烧的肉体。"他的心失了火"，"每个字，甚至每句笑语，喷出他燃烧的口，都像从失火的烟花巷里，蹦出个赤条条的妓女"。有人失恋，只是静静地焚烧自己；马雅可夫斯基的"失恋"，却要焚烧一个时代。青春总是这样，"爱情多，钞票少"，此事古难全。这样的"爱情"一定要"打倒"，而歌咏这样的爱情的"艺术"，又是多么可笑。"在张口歌唱之前，踱来踱去，磨起了老茧；那愚蠢的想象之鱼，在心的泥潭中扭动得多么可怜！直到用叽喳乱叫的韵脚烧开了锅，把爱情和夜莺煮成了一锅粥；没有舌头的大街却在痛苦地痉挛，想喊不能喊，想说没法说。"这样尖锐的大实话令我羞愧。当时正是"朦胧诗"流行的年头，我患了严重的"流行感冒"。此后再也不敢在夜深人静时分，躲在学生宿舍的蚊帐里，拧亮手电筒"煮夜莺"。"我燃烧自己，把温情付之一炬。"——马雅可夫斯基说。"让所有无聊的情感穿上鞋子滚蛋吧，玫瑰和紫罗兰，从此我再也不种。"——我在自己的爱情诗册的最后一页这样了结旧我。

我就到此为止了。而马雅可夫斯基走得更远（这就是为什么他成了诗人，而我依然是个诗的读者的原因）。他准备改天换地了："今天应该/用铁拳/砸开/世界的脑袋！""大地将要像女性般躺下来，肉在颤抖，在求人爱。"他预言革命的到来，虽然只早了一年："头戴着革命的荆冠，一九一六年已经迫近。"他睥睨一切，自我作古："我和伟人格格不入。对过去造成的一切，我都批上：'不算数。'"他吁请圣母的垂青："说不定/在杂七杂八的人群里，/是我故意/使自己的面貌平淡无奇。/其实，在你所有的儿子里，/说不定要数我/最美丽。"他邀请上帝重新创世："上帝先生，请听我的话！你天天泡在云彩的糨糊中，把眼睛泡得又胖又肿，搞那种无聊事儿干吗？倒不如让咱们俩，把分别善恶之树，改装成旋转木马！"——这一切都是源于爱情，烈焰腾腾的爱情。我的爱情生不出这么大的火，但赞同他童言无忌的指控："无所不能的主，你发明了双手，/你又安排了/每人都有一个头，/你为什么想不到：/应该让人们毫无痛苦地/吻呀，吻呀，吻个够？！"22岁的马雅可夫斯基，要像孙猴子一样大闹天宫了："喂，注意！老天爷，请脱帽！我来了！"可是上帝一声不吭，"宇宙沉睡着，它在爪子上搁着，爬满星星狗虱的大耳朵"。这可如何是好？

《穿裤子的云》是一首由爱火点燃的诗，却不只是一首爱情诗。它是马雅可夫斯基向世界发出的宣言，是诗人灵魂的呐喊，是一个22岁的青年为自己一生的追求所勾画的蓝图，不幸的是，这也成了他人生的"天鹅之歌"。

帕斯捷尔纳克在自传中说："我非常喜欢马雅可夫斯基早期的抒情诗。在当时普遍故作丑态的环境中，他那种沉重的、严峻的、诉怨的认真态度，的确是非同寻常的。这是写得很高超的、傲慢的、否定一切的，同时注定要失败的、濒临死亡的、几乎在呼救的诗。"而就是这样的诗，几乎把帕斯捷尔纳克魅惑了，他警觉到自己具有与之相似的诗心，"我为了不去重复他，不显得是在模仿他，我就开始抑制我身上同他相似的禀赋，抑制在我笔下显得虚假的英雄腔调，以及追求效果的企图。这缩小了我的创作方法，使它净化了。"受魅惑的显然不止一人，马雅可夫斯基在自传中提到，他给高尔基读了《云》的片段，"深受感动的高尔基哭湿了我的整件背心"。也是因为《云》，马雅可夫斯基一头栽进了他一生多次艳遇中最热烈的、缠绵终身的一场爱情历程。1915年7月，他到商人布里克的家庭沙龙朗诵《云》，布里克夫妇对马雅可夫斯基的诗赞不绝口，义无反顾地爱上了他的诗。马雅可夫斯基则义无反顾地爱上了女主人莉丽娅。此后，三人"同居一处"15年。商人布里克成了文艺理论家和诗人的出版商、最亲密的朋友，而马雅可夫斯基对此前和此后的所有情人一概表示："我只爱莉丽娅。我可以对其他人好，或者很好，但爱只能是第二位的。"大爱的灵魂总是叫无爱的俗众不可思议。当代俄国诗人叶夫图申科对此的评价是："马雅可夫斯基不仅在革命中是一个革命者，而且在爱情中也是一个革命者。"如此而已？

超越现实的"云"穿上了非常现实的"裤子"，真是一个天才的妙想。哪个诗人没有过偷天换日的狂妄？哪个年轻人没有过"云"一样高远缥缈的梦想？每个青年的心中都有一头狮子，它总在跃跃欲试，要跳出体外，给这现成的世界撕一道新鲜的口子，以留下自己清晰的爪痕。只不过，马雅可夫斯基的狮子特别威猛，因为他给自己的"云梦"缝制了一条特别的"裤子"——用的是"革命"的布料。"我能把握主题了。革命的主题。"马雅可夫斯基的狮子跳出来了，"我想搞社会主义艺术"。

说起来，马雅可夫斯基是个老布尔什维克了，15岁就入党，其间三次被捕坐牢，因年龄不够而释放。出狱后他想到："做地下工作就学习不成。前景是一辈子写写传单，引用那些正确的，但并非我所创作的书中的思想。"于是他决定"中断党的工作，坐下来学习"。在这个"两难的抉择"中，马雅可夫斯基的诗人气质占了革命者气质的上风。此后，这两种气质交缠着他的一生。1917年"十月革命"爆发，马雅可夫斯基干脆称之为"我的革命"。1918年他又说："苏俄顾不上文艺。而我专顾文艺。"当然，是革命需要的"文艺"。马雅可夫斯基完全是心甘情愿、热情洋溢地充当了新政权的传声筒。他积极地写作长诗《列宁》，虽然"非常担心这首诗，因为很容易降低为普通的政治复述"。但是，"工人听众的态度鼓舞了我，使我确信需要写此长诗"。他投入地写作"经济鼓动诗——广告"，诸如："身体、肚子、智力，需要的一切东西，国营百货公司，都能提供给你。""从来没有过这么好的奶嘴，吸上了瘾，真想吸到一百岁。""'笑话'牌香烟，绝不是说笑话：滋味赛过橙子，香味赛过玫瑰花。"对于这一类文字，帕斯捷尔纳克大惑不解："我接受不了这种巧为构思的空洞无物，这种老生常谈，这种装腔作势、思绪紊乱、十分呆板的陈词滥调。照我看来，这根本不是马雅可夫斯基其人，是不存在的马雅可夫斯基。"爱伦堡揣摩道："他想用诗来消灭诗。"以反抗"夜莺"的陈词滥调而崛起的诗人正在制造另一种革命的陈词滥调，诗人仿佛有点心虚地强辩道："尽管诗人们群起围攻，我仍然认为'这种名产，别无分店，要买就到"莫斯农产"'是最高级的诗。"诗人的另一件工作是"继承行吟诗人的传统，到各城市去朗诵"。工人们在街上传唱他的诗："吃你的波罗蜜，嚼你的松鸡——你的末日到了，资产阶级！"一边是群众的欢呼，一边是同行的齿冷，革命者的马雅可夫斯基得到满足，诗人的马雅可夫斯基会不会有些失落呢？

　　马雅可夫斯基认为自己并非是写"口号"，而是真诚地把它看作诗歌的创新。"发明加工时事和鼓动材料的手法"，"用幽默的激昂来描写平凡的琐事"，等等。这和他少年时追求"我所创造的思想"似乎是一致的。在他的后期代表作《好》中，诗人宣布："我愿彻底摧毁半个祖国，把那半个洗干净，重新建设。"为此，他呼吁"清洗现代诗坛"，扬言要把普希金抛进大海，把阿赫玛托娃这样的作家全盘否定，只因为"对于我们的时代，他们是毫无用处的"。但叫嚷归叫嚷，却并未妨碍他在家中安静诵读这些杰出诗人的诗篇，就像个诗歌顽童。马雅可夫斯基无疑是个真诚的爱国者，他掏心掏肺地歌唱："那些/空气甜得像果子露的/国土,/我们可以/走马观花,/转身离开;/但是/和我们一同/挨过饿的土地呀,/我们/怎能不/永远热爱？"他又煞有介事地咏叹："政治/像一口水一样/简单朴素。"这只能说明，马雅可夫斯基对政治的认识，像一口水一样，朴素简单。

　　1930年4月14日，37岁的马雅可夫斯基举枪轰破了自己的脑袋。在绝笔诗中，他还不忘孩子气地掩饰自己："爱情的小舟被生活的暗礁撞得粉碎。"可是，后人多不相信他这个浪漫的借口。帕斯捷尔纳克认为他"死于高傲"，他的自杀，"是因为生性高傲，因为他谴责自己身上或自己身边有他自尊心所不能容忍的事的缘故"。爱伦堡则认为他"死于诗歌"："事实上是他的生活被诗歌碰得粉碎了。他对后代说出了他对同时代人所不愿说的话：'但是我/掐着/自己的歌的/喉咙，克制着/自己。'""塑像被破坏了，这位新教徒也把自己美好的感情压抑下去了。他不仅摧毁了过去的美，也摧毁了自己。"叶夫图申科认为他"死于生活"，他承担了太多"政治扫盲的宣传品"制造工作，积劳成疾。"没有一个诗人能像他那样心甘情愿地为革命做出那么多的牺牲——他甚至牺牲了自己的抒情诗。"

　　我认为，马雅可夫斯基——死于青春。对生活幻灭的人才会选择自杀，像马雅可夫斯基这样把全部生命（爱与诗）毫无保留地投入时代的人，为什么会内心崩溃，对未来无所期待呢？他的一往无前的男子气的对创造新生活的狂热，加上黑白二分的幼稚的现实观，注定他在新时代不可能活得如鱼得水。而他的诗神，在《穿裤子的云》中作了辉煌的亮相之后就夭折了。他的"创世"的心灵追求已经宣泄殆尽，他的想象灿烂的诗歌风格已经表露无遗，他已经攀上了最高的山头，眼前没有了更高的山峰。此后的诗篇，只是热情的延续和消耗，内心的燃料（创作欲望）换作革命的燃料（歌颂、宣传与教育欲望），灵魂的私语换作对政治的诠释，诗人和诗神都被烤干了。因而,诗人马雅可夫斯基没能活过22岁。22岁之后活着的主要是革命宣传家马雅可夫斯基。马雅可夫斯基定格为永远22岁的青春型诗人。狂热、激进、单纯、浪漫……都是年轻人的专利。抹去传统,重写历史,是年轻人的豪情。呵佛骂祖,打击异己,是年轻人的通病。无端排旧,不分好歹;一味逐新,不辨真伪;不计利害得失,不惜献身梦想——这可贵和可悲的青春气质,贯穿诗人一生,马雅可夫斯基就死于这纯洁撩人、恣肆迷狂的青春——人间最美艳、最奢华的祭品。

马雅可夫斯基,感谢你陪我走过惶惑的青春。遗憾的是,我不能与你相携进入多芒的成年。

> 你们的思想
> 正躺在软化的大脑上做着好梦,
> 好比油污的沙发上躺着个吃胖的奴仆。
> 我却偏用血淋淋的心的红布挑逗它,
> 辛辣地嘲讽,刻薄地挖苦。
>
> 我的灵魂没有一丝白发,
> 也没有老头儿的温情和想入非非。
> 我声如炸雷,震撼世界,
> 我来了——挺拔而俊美,
> 二十二岁。
>
> 粗鲁的人用铜鼓演奏爱情,
> 温柔的人用的是小提琴。
> 可是你们都不能像我这样
> 把自己从里到外翻个过——
> 把全身都变成嘴唇!
>
> 来学习学习吧——
> 穿着纱裙走出客厅来,
> 天使同盟中雍容尔雅的官太太!
>
> 她冷静地翻阅这么多嘴唇,
> 宛如厨娘翻阅烹饪教材。
>
> 随你的便吧——
> 我可以变成嗜肉的狂人,

像天空一样变幻,忽晴忽阴;
随你的便吧——
我可以温柔得让你挑不出毛病,
不是男人,而是一朵穿裤子的云!

我不相信尼斯①海滨繁花如雨。
我再次赞美这样的男男女女:
男的——睡坏了的,如同病床,
女的——用滥了的,如同谚语。

1

你们认为,这是发寒热说胡话?

这是真事,
在敖德萨。

玛利亚
说过:"我四点钟来。"
时钟敲了八下,
九下,
十下。

十二月的黄昏
离开了窗户,
走进黑夜的恐怖,
紧锁双眉。

大烛台向着它的驼背
笑出了眼泪。

此刻的我,谁也认不出:
暴着青筋一大堆,
在呻吟,
在抽搐。
这"一大堆"还有什么需求?

---

① 法国南部的游览胜地。

唉,它的需求没法数!

不管如何——
即便我是一尊铜像,
即便我的心——生铁铸就,
夜间也想把自己的铿锵
藏进女性的
温柔。

瞧,
这一大堆
在窗口弯着腰。
额角贴着窗玻璃,烧。
有爱?没有爱?
若有的话,
是大?还是小?
小小的身驱哪能容纳大的爱?
有爱,想必也是个小崽——
爱情小乖乖。
她爱的是古老的有轨马车丁当,
一听汽车喇叭就慌忙躲开。
我的脸
面对面
紧盯着雨滴的麻脸。
等了又等。
城市的喧嚣向我脸上飞溅。

"午夜"持刀猛跑,
追上了,
挥刀杀,——
去他妈!

"最后一点钟"倒下了,
仿佛断头台上滚下个脑袋瓜。

玻璃窗上灰色的雨点
又叫又吼,

扮个大鬼脸,
好像嚎叫的怪兽
钻出巴黎圣母院。

该死的女人!
难道这还不够吗?
一声喊叫快要撕裂嘴巴。

我听得
一根神经——
轻而又轻,
像病人跳下了床。
你瞧它——
起先徘徊着,
勉勉强强;
然后奔跑起来,
鲜明,激昂。
此刻它,外加两根新来的神经,
正像雀儿般乱扑乱撞。

楼下,天花板的灰泥哗啦啦崩塌。

数不清的神经——
有的细小,
有的粗大,
狂奔乱跑,
哎呀!
神经的腿儿又酸又麻!

房间里的夜,涨成深深的泥潭,
沉重的眼睛从泥潭里无法自拔。

房门突然格格地响,
仿佛是旅馆的门牙
捉对儿磕打。

你走进来,

生硬得好像摊牌。
手套的麂皮在摩擦。
你说:
"你知道吗?
我要出嫁。"

嫁你的吧,
算不了什么。
我不是窝囊废。
瞧——我冷静得像
死人的
脉搏。

记得吗?
你说过:
"你是杰克·伦敦,——
爱情多,
钞票少。"
可是我
只看到:
你是蒙娜丽莎,——
该偷掉的,
真偷掉了。①

我重新堕入恋爱的游戏,
火光照亮了眉弯。
何必心烦!
在烧光了的房子里,
有时也住着无家可归的流浪汉!

你还嘲弄我?
"你所有的狂热的宝贝
比不上乞丐所有的铜币。"
不要忘记:
当年惹火了维苏威,

---

① 意大利大画家达·芬奇的名画《蒙娜丽莎》曾于1911年被窃。

结果毁了庞贝!①

喂!
诸位先生!
你们爱看
杀人、
犯罪、
亵渎神圣——
你们可曾
见过最可怕的场面——我的脸,
如今
当我
绝对地冷静?

我觉得
"我"
已经容纳不下我。
有个人极力要从我中挣脱。

哈罗!
你是谁?
妈妈?
妈妈!
你的儿子得了绝症!
妈妈!
他的心失了火。
告诉姐姐——柳达和奥丽雅:
他已无处可躲。
每个字,
甚至每句笑语,
喷出他燃烧的口,
都像从失火的烟花巷里
蹦出个赤条条的妓女。

闻一闻——

---

① 公元79年,意大利维苏威火山爆发,毁灭了庞贝城。

一股烤肉味!
叫来一批人。
亮晶晶!
头戴钢盔!
大皮靴——可不行!
快通知消防队:
攀登失火的心——脚下留情。
我自己来!
瞪圆了充满泪水的眼睛——一担水桶。
让我手撑肋骨,
跳出去! 跳出去! 跳出去! 跳出去!
崩塌! 焦土。
谁能从心中跳出!

在余烬未灭的脸上,
从裂了缝的嘴唇,
长出了一个烧焦的吻。

妈妈!
我不能唱歌。
在心的教堂里,唱诗班的席位着了火。

烧焦的词儿和数字一个一个
爬出颅骨,
像小孩儿从燃烧的大楼逃出。
我仿佛看见邮船"露西当尼亚",
当你呀——"恐怖"
高举燃烧的双手
想把天空抓住①。

圆睁一百只眼的巨火
从码头冲进住宅的静寂。
人群战栗。
最后的呼声啊,——
你起码

---

① 英国邮船"露西当尼亚"号于1915年被德国潜艇击沉,千余人遇难。

该把我在燃烧的痛苦呻吟
传到未来的世纪!

2

赞美我吧!
我和伟人格格不入。
对过去造成的一切
我都批上:"不算数。"

任何时候
我什么也不想读。
书?
什么书!

我先前以为
做书,大概是这样:
诗人走过来,
嘴巴一张,
这个灵感附体的笨伯
马上就出口成章!

实际如何呢?——
在张口歌唱之前,
踱来踱去,磨起了老茧;
那愚蠢的想象之鱼
在心的泥潭中扭动得多么可怜!
直到用吱喳乱叫的韵脚烧开了锅,
把爱情和夜莺煮成了一锅粥;
没有舌头的大街却在痛苦地痉挛,
想喊不能喊,想说没法说。

看来是我们骄傲自大,
把城市的巴比伦之塔[①]
重新修建;

[①] 据《圣经》传说,古代天下人言语一样,他们决定建巴比伦之塔,塔顶通天。上帝大惊,遂变乱人们的口音,使他们言语彼此不通,分散各地。

于是上帝
把城市
夷为平地,
变乱了人们的语言。

大街默默无言,肩扛着苦痛。
一声呐喊,哽塞在喉咙。
肥胖的卧车、枯瘦的马车
卡住了嗓门,水泄不通。
无数徒步者的脚步踏扁了胸部,
比痨病还凶。
城市用黑暗把道路密封。

有一天
终于来到!——
冲开踩住喉咙的教堂,
把拥挤的一群咳到了广场上,
令人感到:
在天使长官们的合唱声中,
遭了抢劫的上帝赶来征讨!

而大街蹲在地上喊叫:
"让我们肚子填饱!"

大大小小的克虏伯公司①
把城市装扮成皱眉的鬼脸,
而城市嘴里
词儿的尸体正在腐烂,
只有两个词儿活着,越长越胖,
一个是"混账",
还有一个啥玩意儿,
好像是——"杂烩汤"。

诗人们
在眼泪鼻涕里泡得发胀,

---

① 德国大军火公司。

抓乱头发,没命地逃离大街:
"这么两个词儿,怎能歌唱
小姐、
爱情、
风花雪月?"

大街上的一群小子——
大学生、
婊子、
包工头,
跟着诗人跑。

先生们!
站住,别跑
你们不是叫花子,
你们不准去乞讨!

而我们,身强力壮,
一步七尺,
我们不听他们的诗,
却要把他们撕,
撕——
这批死死吸在双人床上
随床奉送的水蛭!

难道还要低声下气央告他们:
"帮帮忙!"
去求他们写颂歌、
大合唱?
我们自己是火热的颂歌的创作者,
且听工厂和实验室的交响!

我不理会浮士德,
让他和靡菲斯特①
同乘梦幻的焰火

---

① 歌德诗剧《浮士德》中引诱浮士德的恶魔。

在天国的舞厅里滑行；
我可知道——
我皮靴里的一根钉，
其可怕也超过歌德的幻景！

我
金口玉言，
吐出每个字
能给灵魂新生，
能给肉体欢庆；
可是我告诉你们：
最微小的一粒活的微尘
也比我已做的和将做的一切更贵重！

听吧！
现代拜火教的先知
奔走呼号，
正在布道！
我们
嘴唇像耷拉着的灯台，
面孔像睡皱了的床单，
我们是
麻风城里的苦役犯，
这儿，黄金和污泥到处传染麻风，
可是我们比大海和太阳洗净的
威尼斯的蓝天还洁净！

翻遍荷马和奥维德的诗章，
找不出我们这号
满脸煤烟的人物形象。
那也无妨。
我知道：
一见到我们的灵魂的金矿，
太阳也会黯然无光。

我们绝不祈求时间开恩！

肌肉和筋——比祷告有用。
我们——
每个人
把世界的传动皮带
紧握在自己掌中!

不论在彼得堡、莫斯科、基辅、敖得萨,
这番话
把我带到了讲堂里的"各各他"①,
没有一个人
不高声喊叫:
"钉死他!
把他钉上十字架!"
可是对于我,
人们——
包括那些嘲弄过我的人,
你们对我比一切都亲近。

君不见:
狗
正舔着那只打它的手?!

我
尽管被今天的一代嘲弄取乐,
被编成长长的笑话,
还带着黄色,
我却能看见无人看见的
踏过时间的山岭的来者。

在人们的近视眼光截断之处——
率领着饥饿的人群,
头戴着革命的荆冠,
一九一六年已经迫近。

---

① 各各他是耶稣被钉十字架的地方。这节诗和第三章开头,描写的是马雅可夫斯基1913年在俄国各地演说和朗诵时遭到的嘲笑和谩骂。

而我，是它的前驱；
哪里有痛苦，我就在哪里；
我把自己钉在十字架上，
就在落下的每滴泪里。
绝不能再饶恕！
我烧炼灵魂，把温情付之一炬。
这可要困难得多，超过
千万次攻打巴士底狱！

当你们上街迎接救星，
用暴动的声浪
把一九一六年震响，
我将
为你们掏出灵魂，
踏扁它，
把它踩大！
当一面血淋淋的旗，交到你们手上。

3

唉，这是为什么，
这是干什么——
向着明朗的欢乐
把肮脏的拳头挥舞！

令人想起了疯人院——
这思想用绝望的帷幕
把脑袋遮住。

正像主力舰沉没时，
人群窒息而痉挛，
拼命向舱口外钻——
发狂的布尔柳克①
也钻呀钻的
钻出了自己的独眼，

---

① 作者的朋友，未来派诗人，曾和作者一同作巡回演说。布尔柳克是个独眼的胖子。

把眼皮撕裂,
流着泪,几乎流血。
总算爬出来了,
站起来了,
走掉了,
想不到,还以胖子稀有的温柔
突然说了声:"很好!"

很好,用未来派的黄褂子
裹住灵魂,让人看不透!
很好,
当你把脑袋伸进断头机的虎口,
还吆喝:
"请喝万古吞牌可可!"①
这一瞬间——
烟花四射,
雷鸣电闪,
不论拿什么我也不换,
也不换……

透过雪茄的青烟,
拉得长长的,活像只酒杯——
现出了谢维里雅宁②的醉脸。

灰溜溜的,唧唧叫的鹌鹑,
你怎么敢自称诗人!
今天应该
用铁拳
砸开
世界的脑袋!

你们
为一件事把心操碎——
"自己的舞姿是否优美?"

---

① 此事采自报载新闻:只要死囚肯为万古吞洋行这样做广告,这家洋行就供死者家属的衣食。
② 俄国自我未来派的代表。青年马雅可夫斯基向他发出了挑战。

试看我是怎么舞蹈的吧,
我——
下流的,靠婊子为生的
乌龟兼赌鬼!

你们
在绵绵痴情里泡得发胀,
你们
双泪长流,流得千年长;
我背离你们,
把太阳当眼镜
戴在圆睁的眼睛上。

我的打扮怪得可怕,
在大地上大步跨,
叫人喜欢,叫人讨厌。
我手执细链,
牵着个拿破仑——小哈巴。

大地将要像女性般躺下来,
肉在颤抖,在求人爱;
万物将要苏醒,
万物的嘴唇
都叫起来:
"乖乖!乖乖!乖乖!"

突然间,
黑云
和其他的云
在天上引起了惊人的骚动,
仿佛是白色的工人四处奔跑,
向上天宣告了怒气冲冲的罢工。

雷,挑衅地擤了擤巨大的鼻孔,
像恶兽般从黑云背后爬将出来。
天空的面孔凶神恶煞,突然扭歪,

好一个铁血宰相俾斯麦①!

有人
被云层绊住了双脚,
向咖啡馆伸出了双手,
学着女人的声调,
嗓门儿倒很温柔,
可又像架起了大炮。

你以为
这是在阳光抚爱下
喝咖啡?
不!这是为了枪决暴动群众,
重新派来了屠夫将军——加利费②!

闲人们,把手从裤袋抽出来,
拿起炸弹、石头、一切武器,
谁要是连手也没有——
就用你的额头冲击!

上前去,挨饿的人,
满身跳蚤和污泥的
汗臭的奴隶!
上前去!
把星期一和星期二
都用血染成红色的节日!

虚胖的大地——
这个被金融寡头洛特希尔
抛弃的情妇,
叫她在刀尖下好生记住:
她把什么人贬为奴仆!

叫旗帜在枪林弹雨中飘起,
就像盛大的节日似的,

---

① 19世纪后期德国宰相,曾镇压工人运动。
② 法国将军,镇压巴黎公社的刽子手之一。

叫电灯杆高高地挂起
粮食商血污的尸体。

咒骂，
祷告，
宰一刀，
跟着爬，
咬他的腰。

天空红得像《马赛曲》，
晚霞在垂死中飘摇。

已经发了狂。

什么都不留。

黑夜自天而降；
它先咬一口，
然后全吃光。

君不见
上苍又在出卖
一小撮溅上了变节污水的星斗？

黑夜降临，
像鞑靼可汗马马依大摆酒筵，
一屁股把城市压住。①
这夜色，眼光都凿不穿，
黑得像告密老手阿捷夫②！

我被扔进小酒店的角落，
蜷缩着，用酒浇灵魂和桌布。
我发觉
——双眼睛刺进我心窝——
哦，是堂屋里圆睁双眼的圣母。

——————

① 13世纪，成吉思汗击败南俄诸王公联军，传说胜利将领在被俘王公身上搭木板，坐在板上宴饮。作者误将此事归于马马依（14世纪钦察汗国可汗）。

② 社会革命党领导人之一，后被发现是沙皇警察局的坐探。

何苦给吵吵嚷嚷的酒徒
分送一个模子印出来的圣母画?
岂不见,在各各他
他们又一次唾弃耶稣,
而情愿选择巴拉巴①?

说不定
在杂七杂八的人群里,
是我故意
使自己的面貌平淡无奇。
其实,在你所有的儿子里,
说不定要数我
最美丽。

祝那些
在安逸中发霉的人们
赶快遇到最后的时辰;
祝那些
应当成长的孩子们——
男孩子——变成父亲,
女孩子——怀上身孕。

让新生的人长出白胡子,
像星相家那样博学多智,
他们必将来到,
为孩子施洗
并命名——用我的诗。

我赞美机器和英吉利。
要问我是何等人物,
请看最普通的福音书里,
我就是第十三名使徒②。

---

① 据《圣经》传说,耶稣被判死刑时正逢节期,总督答应按众人要求,释放一名囚犯。众人要求赦免著名犯人巴拉巴,而把耶稣钉上十字架。

② 耶稣只有十二名使徒。"第十三名"暗指异端。

当我下贱的声音
一小时又一小时
一昼夜又一昼夜
把你们折磨——
说不定耶稣基督
正在嗅我的灵魂小花一朵，
它名叫"毋忘我"。

4

玛利亚！玛利亚，玛利亚！
放我进来，玛利亚！
我不能待在街头！
你不愿意吗？
看来你要等到我
双颊深陷，
被众人尝过，
淡而无味的时刻，
我再度来临，
嘴里没牙，吐字不清，
声明我今天是
"无比忠贞"。

玛利亚，
你瞧——
我的背已经驼了。
大街上的人们
穿透四层楼式的下巴脂肪层，
伸出四十年磨炼出的小眼睛，
相视
而冷笑，
笑我
又在嚼
昨天的温存的干面包。

大雨哀哭着人行道，
而水洼组成的湿淋淋的地痞
正舔着大街的尸体
（是被卵石击毙的）。
在灰色的睫毛上——
对！
（睫毛是冰凌组成的），
挂着泪水——
对！
从排水管低垂的眼睛向下滴。

雨的嘴，吮吸着每一个步行者；
而马车上坐的是油光光的大力士，
他们吃得饱胀，
胖得爆裂，
浑身的裂缝都冒着油脂，
于是从马车上，像浑浊的河水
流下了嚼过的肉丸子
和啜过的面食。

玛利亚！
柔声细语怎能钻进他们的肥头大耳？
鸟儿
是卖唱的乞儿，
空着肚子
能唱出嘹亮的歌声。
可我是一个人，玛利亚。
是一个平平常常的人，
被痨病之夜咳出来，
吐在勃列斯尼亚[①]肮脏的手心。

玛利亚，这样的人，你要吗？
放我进来，玛利亚！
用指头的痉挛，我按紧电铃铁的喉咙！

---

① 莫斯科的工人聚居区，作者当时住在那里。

玛利亚!

兽性充满了大街的牧场。
脖子被拥挤的手指掐伤。

快开门!

疼得很!

你瞧,我眼睛里
扎满了女帽上的大头针!

她开了门。

小乖乖!
可别把你吓坏:
在我的牛脖子上
像座山似的,坐满了无数汗淋淋的女人——
这是我从生活中过来,
拖出来的几百万大而洁净的爱,
外加亿万小而肮脏的爱崽。

别害怕:
冒着变心的连绵阴雨,
我又一次
紧贴着成千张美好的脸庞——
全是"马雅可夫斯基的爱慕者"!
说实话,这是在疯人心上
整整一个朝代先后登极的女皇。

玛利亚,挨近些!

不管你在赤裸裸的放浪中,
还是在怯生生的战栗里,
请给我你的芳唇永不凋谢的欢悦。
要知道我的心
一次也没有活到过开花的五月,
在活过的生活里

只有第一百个四月。

玛利亚!
诗人用十四行诗赞美姬雅娜①;
而我
全身是肉做的,
纯粹是一个人——
我直截了当地要求你的肉体,
宛如基督徒祷告上帝:
"求你赐给我们
每天不可少的饮食。"

玛利亚——给了吧!

玛利亚!
我生怕忘记你的名字,
好像诗人生怕忘记
某一个词——
它在连夜的阵痛中诞生,
其伟大正与上帝相等。

你的肉体
我将爱护备至,
正如一个兵士
被战争砍成了残废,
孤苦伶仃,
无家可归,
爱护着他自己唯一的腿。

玛利亚——
不干吗?
不干!

哈!

这么说,我又要

---

① 谢维里雅宁的一首诗的女主人公。

黑沉沉，灰溜溜，
捡回我的心，
洒点泪水在心头，
把它
带走；
像一条狗
一瘸一跛
把火车压伤的爪子
拖回
狗窝。

我以心的血，使道路欢喜，
灰土中，朵朵红花，沾满了上衣。
太阳欢舞千转，环绕着大地，
就像绕着施洗者约翰的头颅
欢舞的希罗底①。

待到他的圆舞
把我的年龄跳够了数，
通向我最后归宿的足迹
将铺满千万滴血珠。

我将爬出来——
满身污泥（由于夜宿在沟里），
和他并肩而立，
凑过去
向他悄悄耳语：

"上帝先生，请听我的话！
你天天泡在云彩的糨糊中，
把眼睛泡得又胖又肿，
搞那种无聊事儿干吗？
倒不如让咱们俩
把分别善恶之树

---

① 据《圣经》传说，施洗者约翰反对希律王娶兄弟的妻希罗底，希律王把约翰锁在监牢里。到了希律王的生日，希罗底的女儿在众人面前跳舞，使希律王欢喜。希律王答应随她要求的给她。女儿为母亲所使，就说："请把施洗者约翰的头放在盘子里，拿来给我。"

改装成旋转木马!

"无所不在的主,每个柜子你都能入,
让咱们把美酒摆满桌,
使得愁眉苦脸的使徒——圣彼得
也想跳一场'克卡扑'舞。
你下命令吧,
我今晚就从所有的林荫路
把最漂亮的小姑娘全给你拉来——
把夏娃们重新放在乐园里住。

"你乐意吗?

"不乐意吗?

"你摇着毛发蓬松的头?
你皱起灰白的眉峰?
你以为——
你背后
那个长翅膀的老兄
能懂得什么叫作爱情?

"我也是天使,我当过的,
我也有过羔羊的甜蜜蜜的眼睛。
可现在,我已不愿再给母马们
赠送用痛苦塑造的法国花瓶。

"无所不能的主,你发明了双手,
你又安排了
每人都有一个头,
你为什么想不到:
应该让人们毫无痛苦地
吻呀,吻呀,吻个够?!

"我还以为你是个万能的大上帝,
原来却是个不学无术的小神道。
你瞧,我弯下腰

从靴筒里
拔出一把刀——
带翅膀的混蛋们!
躲进天国、挤成一团吧!
羽毛蓬乱、吓得发颤吧!
我要把你——浑身冒着香火味的东西
彻底揭发,
从此地揭到阿拉斯加!"

放我进来吧!

挡住我,绝不可能。
不管我是否
说大话,
我现在冷静得不能再冷静。
请看——
天空又变成了血腥的屠场,
群星又在被斩首示众!

喂,注意!
老天爷,
请脱帽!
我来了!

一片静默。

宇宙沉睡着,
它在爪子上搁着
爬满星星狗虱的大耳朵。

1914~1915年

【美国】惠特曼
李野光 译

我自己之歌①

一个木匠的儿子,只上过5年小学,11岁开始独自谋生,做过勤杂工、排字工、乡村教师、报刊编辑、小印刷厂老板、建筑师、木匠、政府职员。同时,他从12岁开始发表小文章,此后从未间断在报刊发表三流诗歌、伤感小说和说教小品,毫无特别之处,只是一个会写字的工人而已。

必须改变现状——惠特曼此时的沉思改变了他的一生。诗人在晚年回忆说:"我没有赢得我所在的这个时代的承认,却退而转向对于未来的心爱的梦想。""我发现自己在31岁到33岁时仍然醉心于一个特别的热望和信念——想要发愤以文学和诗歌的形式,将我的身体的、情感的、道德的、智力的和美学的个性,坚定不移地、清楚地说出并忠实地表现出来。"以"我"为燃料,燃烧出一个时代的特殊光芒。发愤将自我的"个性"袒露无遗,无所顾忌,从前的诗人没有谁敢这样破釜沉舟,惠特曼要鲤鱼跳龙门了,现在,他写诗的时候,好像从来没有别人写过诗一样。惠特曼以一个底层劳动者的勇气,用自己取自生活的自由语汇和民间声音大声疾呼,自我作古,开天辟地。

1855年,惠特曼36岁,自己排字印刷了一本薄薄的诗集《草叶集》,大部分作了赠送品。当时美国名望最大的学者爱默生收到赠书后,以超人的敏感发现这册简陋而粗糙的诗集璞中含玉的价值,立即回信致谢,推许它是"美国迄今作出的最不平凡的一个机智而明睿的贡献"。可是,公众听惯夜莺的温婉小调的耳朵接受不了这样强悍莽撞、元气淋漓的歌声,爱默生的信件发表后,引来劈头盖脸的谩骂:"除非作者是由一只前世死于失恋的蠢驴的魂灵投胎而生,否则很难想象一个人居然会写出这么一大堆无聊的脏话来。"类似的指责一直持续到诗人晚年,诗人曾因为这本诗集而失业,该诗集也一度成为禁书。

诗集中最惊世骇俗的就是这首《我自己之歌》。有评论认为,这是

---

① 选自李野光译《惠特曼精选集》,山东文艺出版社,1997年版。有删节。

19世纪以来世界文学中最伟大的抒情长诗之一。岁月滔滔，宇宙无垠，有限的人生能唱出一首独特的自我之歌，也算功德圆满了。一本《草叶集》，就是惠特曼一生的自传史诗。但诗中的"我"，并非只是那位名叫"惠特曼"的肉体的人，为了方便起见，诗人经常是假借"我"的肉身来塑造一个大地上生存的"人"的形象。因而，诗中的"我"的形象，起点是诗人"自己"，是我的感官所经历的具体事件。由此升华，"我"就化身为随便哪一个人，一个普遍意义上的"人"，我在为所有的人发言。进一步自我膨胀，"我"化身为宇宙万物乃至宇宙本身，将世界人格化，"我"代表世界发言，表达对人类的深情。不管"我"如何千变万化，有一点是不变的，那就是"君临全篇并始终盯着我们的个性"。让我们在阅读中跳出卑微的自我意识，闯入一个新世界，迎接一个磅礴大气的自我。

惠特曼作为伟大诗人的地位早已得到公认，作为自由诗派的先驱，20世纪许多杰出的诗人都从他那里吸收过精神营养。他一生只出版过这一本《草叶集》，却重版了许多次，每一次都增加新的诗章，诗集本身就像不断蔓延生长的一地草叶。

惠特曼（1819~1892），美国诗人。

1

我赞美我自己，歌唱我自己，
我所承担的一切你也得承担起来，
因为属于我的每一个原子都同样属于你。

我闲游，邀请我的灵魂一起，
我悠闲地俯身观察一片夏天的草叶。

我的舌头，我血液中的每个原子，都由这泥土这空气所构成，
我生在这里，我的父母生在这里，他们的父母也生在这里，
我如今三十七岁，身体完全健康，开始歌唱。
希望不停地唱下去，直到死亡。

教条和学派先不去管，
暂且退回来，满足于它们的现状，可是绝不能忘，
我一味怀抱自然，我允许无所顾忌地述说自然，
以原始的活力，谁也不能阻挡。

2

屋子和房间里充满了香味,架子上也满是芳香,
我独自呼吸这芳香,认识它也喜爱它,
那气息也会使我沉醉,但是我不让它这样。

大气并不是一种芳香,它没有那种气味,它是无臭无味的,
它永远合乎我的口味,我爱上了它,
我要到林边的堤岸上去,去掉一切虚饰,赤裸裸地,
我疯狂地渴望它接触我的身体。

我自己呼出的热气,
回声、涟漪、嘤嘤细语、爱根、合欢树、枝丫和藤蔓,
我的呼吸,我心脏的跳动,我肺部中流动的血液和空气,
绿叶和枯叶的气息,海岸和黑色的海边岩石以及谷仓干草的气息,
从我喉咙里迸出飘散在旋风里的话语的声音,
几个轻吻,几番拥抱,两臂伸出的合围,
柔软的枝条摆动时光和影在树上的嬉戏,
独自一人或在闹市中或沿着田垄和山边行走时的欢喜,
健康的感觉,正午的颤音,我从床上起来迎着太阳时的歌曲。

你以为一千英亩就很多了吗?你以为地球很大了吗?
你曾经长期用功来学会阅读吗?
你因懂得诗歌的意义而感到骄傲了吗?

今天和今夜同我在一起,你就会掌握一切诗歌的来源,
你就会有了大地和太阳的好处(还留下千千百百万个太阳呢),
你就会不再间接又间接地认识事物,或通过死者的眼睛,或以书本里的
　　幽灵来喂养自己,
你也不会用我的眼睛来观察,或从我获取事物,
你会向所有各方面谛听,并通过你自己把它们滤取。

3

我听见了谈话者的谈话,关于始与终的谈话,
可是我不谈论始与终。

从来没有过像现在这样多的开始,

也没有过像现在这样多的青年和老年，
将来不会有像现在这样的完美，
也不会有像现在这样的天堂或地狱。

冲动，冲动，冲动，
永远是世界生殖的冲动。

对立的对等物从朦胧中前进，永远是物质和增殖，永远是性的活动，
永远是同一性的联结，永远有区分，永远在繁殖生命。

有学问或没学问的人都觉得这样，用不着仔细说明。

像最确定的东西一样确定，垂直一样正直，紧紧拴住，用梁木牢牢支
　　撑，
像马一样健壮，热情，傲慢，带电，
我和这种神秘，我们仍旧站在这里。

我的灵魂清澈而香甜，那些非我灵魂的东西也清澈而香甜。

缺一则两者俱缺，看不见的由看得见的来证实，
等到后者也看不见了，又照样取证，轮回不已。

指出最好的并把它从最坏的分开，一代烦扰一代，
知道事物是十分和谐安静的，它们争论时我一声不响，走去洗澡，自我
　　欣赏起来。

我的每个器官和属性都受欢迎，任何热心而清洁的人也受欢迎，
没有哪一寸或一寸中的哪一分是坏的，也没有哪一部分比其余的较为陌生。

我很满足——我看呀，跳呀，笑呀，唱呀；
那个紧抱着我和爱我的同床者通宵睡在我旁边，天一亮就悄悄地走了，
留给我一些盖着白毛巾的篮子，满屋子都是，
我应该迟迟不去接受和了解它们，却呵斥我的眼睛，
叫它们别从后面沿着大路向前凝望，
要回头来仔细算算，
一件值多少，两件又值几何，以及哪一件最好呢？

6

一个孩子说草是什么呢?他两手捧着一大把递给我。
我怎样回答这孩子呀?我知道的并不比他多。

我猜想它是性格的旗帜,由充满希望的绿色质料所织成。

我猜想它是上帝的手帕,
一件故意丢下的芳香的礼物和纪念品,
我们一看便注意到,并说这是谁的?因为它的某个角上带着物主的姓名。

我猜想或者草本身就是个孩子,是植物产下的婴儿。

我猜想或者它是一种统一的象形文字,
它意味着,在或宽或窄的地区同样繁殖,
在黑人或白人中间一样生长,
凯纳克人、塔克荷人、国会议员、柯甫人,我给他们同样的东西,我对待他们完全一样。
如今我看来它好像是坟墓上没有修剪过的美丽的头发。

我要温柔地对待你,蜷曲的草哟,
你可能是从年青男人的胸口生长出来的,
也许,假如我认识他们,我会爱上他们,
也许,你是从老年人或者从很快就离开了母亲怀抱的婴儿身上生长出来的,
而在这里你就是母亲们的怀抱。

这草叶颜色很深,不会是从老母亲的白头上来的,
比老年男人的无色的胡子也暗黑些,
黑得不像来自淡红色的上腭。

哦,我毕竟看见了这么多说话的舌头,
我看出它们不是无缘无故地从那些上腭来的。

我但愿能够译出那些关于已死的青年男女的暗示,
还有关于老年男人和母亲以及很快离开她们怀抱的婴儿们的暗示。

你想那些青年和老年男人们后来怎样了?

你想那些妇女和孩子们后来怎样了?

他们还活着,好好地在某个地方,
那些最小的幼芽说明实际上并没有什么死亡,
即使有过,它也只引导生命前进,而不在末了等候着将它俘虏,
而且生命出现时它便结束。

一切都在向前和向外发展,什么也不会消隐,
而死不同于任何人所想象的,它更加幸运。

<h2 style="text-align:center">7</h2>

有人认为出生是幸运的事吗?
我赶快去告诉他或她,死去也一样幸运,而且我知道。

我和垂死者一起经过死亡,与新生儿一起经过诞生,但我不仅局限在我
　　的鞋帽之间,
还要细察各种事物,它们没有哪两个是同样的,而且两个都很好,
大地很好,星星很好,附属于它们的一切也全是好的。

我不是大地,也不是大地的附属品,
我是人们的朋友和同伴,一切都像我自己一样是不朽而无穷的。
(他们不知道怎样不朽,而我知道。)

每种东西都是为它自己和它所有的一切,男性和女性都是为了我的所
　　　有,
那些曾经是男孩子的人和现在爱女人的人是为了我,
那个骄傲的和被人轻视时感到多么痛苦的人是为了我,
情人和老处女为了我,母亲们和母亲们的母亲们是为了我,
微笑过的嘴唇,流过泪的眼睛是为了我,
孩子们和孩子们的生育者们是为了我。

去掉那些掩饰吧!你对于我是没有什么罪过的,也不陈腐,也没有被抛
　　　弃,
我能透过那白布和花布看出个究竟,
我在你身边,固执,贪求,不倦,也摆脱不掉!

13

黑人牢牢地抓住他那四匹马的缰绳,挂在链子上的木块在下面摇晃,
赶着石场里那辆大车的黑人,壮实而高大,一条腿站稳在踏板上,
他的蓝衬衣在腰带的上方解开,露出他那肥大的脖子和胸脯,
他的眼神镇静而威严,他把夺拉着的帽檐推往后面,
太阳照着他那鬈曲的头发和胡子,照着他那黑溜溜完美的臂膀。

我看见了这个图画般的巨人并爱上了他,可是我并不停留在那里,
我也跟马车一起向前走去。
无论在哪里行动,是向前还是向后回转,我身上永远有个生命的爱抚
　　者,
我对僻静的角落和青少年都俯身照看,不漏掉一人一物,
我将一切吸收到自己身上,为了这首诗歌。

嘎嘎作响地背着牛轭和链条前进或停在树荫里的牛群哟,你们眼睛里
　　所表示的是什么?
这对于我好像比我一生读到的还要多。

在我整天漫游的长途上,我的脚惊起了一群野鸭,
它们一齐飞过来,它们缓缓地盘旋着。

我相信这些带翅者的目的,
也承认那红的、黄的、白的颜色都在我心中起作用,
我认为绿的、紫的和球状的花冠都各有深意,
并不因为龟只是龟而说它毫无价值,
林中的癞鸟从不学音乐,但我觉得它唱得很美,
栗色的母马只需一瞥,就使我对自己的笨拙感到羞愧。

20

谁在那里?那如饥似渴的,粗野的,神秘的,赤身裸体的;
我怎么从我所吃的牛肉中摄取力量呢?

总之,人究竟是什么?我是什么,你是什么?

凡属我标明是我自己的,你都将用你自己的来抵消,

不然你叫我说话就是浪费时间了。

我不为全世界那些哭哭啼啼而啜泣,
他们认为岁月空虚,大地只是泥潭和污浊而已。

把啜泣和献媚与药粉包在一起给病人去吃,让墨守成规适用于极远的
　　亲戚,
我高兴戴着我的帽子,无论是出门或在屋里。

我为什么要祈祷呢?我为什么要恭顺有礼呢?

研究了各个方面,经过精密的分析,请教过医生,也仔细算计过了,
我发现只有贴在我自己骨头上的脂肪才是最香甜的。

我在一切人的身上看到我自己,不多也不差毫厘,
我对我自己的褒贬对他们也同样合适。

我知道我是结实而健康的,
宇宙间的一切都向我长流不息,
一切都给我写下了,我必须了解其含义。

我知道我是不死的,
我知道我的环形轨迹不是木匠的圆规所能画成!
我知道我不会像小孩晚上用火棒画出的火环那样随即消隐。

我知道我是庄严的,
我不想耗费精神去为自己申辩或求得人们的理解,
我懂得根本的法则从来不为自己辩解。
(我估计我的行为毕竟并不比我建造房子时所用的水平仪更加高贵。)

我就按照我自己的现状生存,这已经够了,
即使世界上再无人意识到这一点,我仍满足地坐着,
要是世上所有的人都意识到了,我也满足地坐着。

有个世界是意识到了的,而且对我来说是最大的世界,那便是我自己,
无论今天我能得到或要千百万年以后我才能得到我应得的一切,
我现在就愉快地接受,或同样愉快地等待。
我的立足点是同花岗岩连着的,

我嘲笑你们所谓的消亡,
我知道时间是多么宽广。

21

我是肉体的诗人,我也是灵魂的诗人,
天堂的欢乐和我在一起,地狱的痛苦也和我在一起,
我把前者嫁接在我身上并使之增殖,我把后者译成新的言语。

我是男人的诗人,也同样是女人的诗人,
而且我说做个女人也像做个男人一样伟大,
而且我说世界上没有什么你能大过人的母亲。

我唱着扩张或骄傲的歌,
我们已经低头和求饶得够了,
我指出宏伟只不过是发展的结果。

你超越了其余的人吗?难道你是总统?
那没有什么,我们每个人都不只到达那里,还继续前进。

我是那个同温柔的、生长着的夜一起行走的人,
我呼唤着被黑夜半抱着的大地和海洋。

紧紧地压着吧,袒胸的黑夜——更紧些,有魅力的抚慰人的黑夜呀!
南风的夜——疏星朗朗的夜呀!
静静地打着瞌睡的夜——疯狂的裸体的夏天的夜呀!

啊,呼吸清凉的妖娆的大地,微笑吧!
宁静地微睡着的树木的大地呀!
夕阳已坠的大地——云雾缭绕山头的大地呀!
刚染上淡蓝色的皎月光辉的大地呀!
阳光与黑暗斑驳闪映着河川潮流的大地呀!
因为我而更加明亮清澈的灰色云雾的大地呀!
远远地环抱一切的大地,开满了苹果花的大地呀!
微笑吧,因为你的情人来了。

浪子哟,你给了我爱情——因此我也给予你爱情!
啊,这难以言传的炽热的爱情。

24

华尔特·惠特曼,一个宇宙,曼哈顿的儿子,
狂乱,肥壮,多欲,能吃,能喝,善于繁殖,
不是感伤主义者,不凌驾于男人和女人之上,或远离他们,
不谦恭也不放肆。

把门上的锁拆下来!
把门也从门框上撬下来!

谁贬低别人就是贬低我,
无论什么言行最终都归结到我。

灵性汹涌澎湃地通过我奔流,潮流和指标也从我身上通过。

我说出原始的通行口令,我发出民主的信号,
上帝啊!如非所有的人在同样条件下所能相应地得到的东西,我绝不接
　　　受。

通过我发出了许多长期哑默的声音,
一个又一个世代的囚犯和奴隶的声音,
病人和绝望者以及盗贼和侏儒的声音,
准备和生长轮转不息的声音,
连接群星的线的声音,子宫与精子的声音,
还有那些被别人践踏的人的权利的声音,
畸形者、渺小者、呆板者、愚蠢者、被蔑视者的声音,
天空的浓雾和转着粪丸的甲虫的声音。

通过我发出的被禁止的声音,
性的和情欲的声音,原来被遮掩而现在让我揭开了的声音,
由我澄清并转化了的猥亵的声音。

我没有用手指堵住我的嘴,
我对于腹部周围像对于头和心脏周围那样保持高洁,
性交对于我并不比死亡更为淫邪。

我赞成种种的欲念和肉体,
视觉、听觉和感觉是神奇的,我的每一个部分和附属品都是奇迹。

我里外都是神圣的，我使我所接触的及接触过我的一切都变得圣洁，
这些腋窝里的气味是比祈祷更美的芳香，
这个头比教堂、圣经以及所有的信条更美。

如果崇拜一物胜过另一物，那我更崇拜的就是我自己的横陈着的身体，
　　或它的任一局部，
我的半透明的模型，那就是你！
阴凉的棚架和休憩处，那就是你！
坚硬的男性犁头，那就是你！
凡是来到我耕地的，那就是你！
你是我丰富的血液！你那乳状的流体是我生命的灰白的奶汁！
紧压在别人胸脯上的胸脯，那就是你！
我的脑子，那就是你的奥秘的回旋啊！
洗涤过的香菖蒲的根子呀！胆怯的池鹬呀！被守卫的双生鸟卵的小巢
　　呀！那就是你！
在头上混杂和纠缠着的干草，胡子，肌肉，那就是你！
枫树的流淌着的液汁，刚毅的小麦秆纤维，那就是你！
多么慷慨的太阳，那就是你！
使我的脸时明时暗的蒸汽，那就是你！
你出汗的溪流和露水，那就是你！
用柔软而逗弄人的生殖器摩擦着我的风，那就是你！
宽阔健壮的田野，活橡树的枝子，我那曲径上的爱恋的游客，那就是
　　你！
我所握过的手，我所吻过的脸，我曾经抚摩过的生灵，那就是你！

我溺爱我自己，这里有我包含的大量东西，还全都那么香甜，
每个瞬间和任何发生的事情都使我因欢乐而微颤，
我说不出我的脚踝怎样弯曲和我的最微小的愿望来自何处，
也说不出我散发的友情的根由，以及我重新取得的友情的缘故。

我走上我的台阶，我停下来想想它是否真实，
我窗口的一朵牵牛花比图书中的哲理更使我满意。

看看破晓时的光景！
那一点点曙光把庞大透明的阴影冲淡了，

我觉得空气的滋味那么清新。

那天真的欢跳着、转动着的世界大部分正悄悄升起,清新地渗着流着,
忽高忽低地倾斜着前进。
我看不见的某种东西高举着色欲的尖头工具,
海洋般明亮的液汁喷洒着天宇。

大地紧倚着天空,它们每天都连接起来,
那时我头上升起了从东方涌现的挑战,
嘲弄而威吓地说,看你能不能充当主宰!

31

我相信一片草叶的意义不亚于星星每日的工程,
一只蝼蚁,一粒沙,一枚鹪鹩蛋,也同样的完美,
雨蛙也是造物者的一件精心杰作,
四处蔓延的黑莓可以装饰天堂的客厅,
而我手上一个最小的关节能藐视一切机器,
低头吃草的母牛能胜过任何一座塑像,
一只小鼠便是奇迹,足以使千千万万个异教徒震惊不已。

我发现我是片麻岩、煤、苔藓、果实、谷粒和可口的菜根的混合物,
并且浑身粉饰着飞禽和走兽,
我还满有理地把背后的东西抛得远远,
但需要时又把任何一件叫回来到我面前。

逃跑或畏缩是徒然的,
火成岩喷出古老的烈火来抵制我的接近是徒然的,
乳齿象退缩到它自己的粉碎的骨头底下是徒然的,
物体远离我站着并装出种种不同的形状是徒然的,
海洋静伏在深凹处是徒然的,巨大的怪物低身偃卧着是徒然的,
秃鹰让自己与苍天同住是徒然的,
蛇滑行着穿过藤蔓和木材是徒然的,
麋鹿躲藏到树林深处是徒然的,
尖喙的海鸟远远地向北漂航到拉布拉多是徒然的,
我迅速地跟着,我上升,直到悬岩裂缝中的巢穴。

32

我想我能转而与动物一起生活,它们是那么平静,又那么自足,
我站着将它们观察了许久许久。

它们并不为自己的处境费力和叫苦,
它们并不睁眼躺在黑暗中为自己的罪过哭泣,
它们并不谈论它们对上帝的职责而令我厌恶,
没有一个不满足,没有一个因热衷于拥有财产而丧失理智,
没有一个向别人或向一个生活在数千年前的同类下跪,
整个地球上没有哪一个令人尊敬或整天憔悴。

它们这样表明了对我的关系,我接受了,
它们给我带来了我自己的表征,并且证明这些已为它们所据有。
我奇怪它们怎么会拿到这些表征,
难道我老早以前曾走过那里,不小心把它们丢了?

那时,现在,乃至永远,我自己一直向前行走,
一直在很快地收集和出示着更多的事物,
数量无限,包罗极广,其中也有与这些相类似的,
对那些接近我的作为纪念品的东西也不过分排除,
并在此挑拣了我所爱的一个,现在我和它一起前行,亲如手足。

一匹雄壮健美的骏马,精神抖擞,又欣然接受我的抚摩,
它前额高耸,两耳之间距离宽阔,
四肢光滑而柔韧,长尾拂地,
两眼喷射着机警的光芒,两耳尖如削竹,在灵巧地抖动着。

我的两个脚跟将它抱住时,它的鼻孔张大了,
当我们飞跑一圈又回来时,它那造型完美的四肢在喜悦地颤抖。

雄马啊,我只使用你一分钟,然后便放弃了,
我何必用你代步,当我自己跑得更快的时候?
即使我站着或坐着,我也比你更快呢。

41

我就是给那些躺着喘息的病人带来帮助的人,

对于那些强壮和能够行动的男女，我带来更多必要的帮助。

我听到了关于宇宙的种种说法，
听到了，而且听了有好几千年。
一般说来还算可以——但这样就完了吗？

我来扩大它，应用它，
一开始就比那些精明的老贩子出了更高的价格，
我亲自量出耶和华的准确的尺码，
印刷了克罗诺斯、他的儿子宙斯和孙子赫拉克勒斯，①
买下了奥西里斯、伊西斯、柏罗斯、婆罗贺摩和释迦牟尼的手稿，②
在我的文件袋里散放着玛尼多，印成单页的安拉，刻成图版的十字架。③
连同奥丁和面目狰狞的麦西特里④，以及各个偶像和肖像，
完全按照他们的价值作价，一分钱也不多花，
承认他们曾经存在并在他们的时代起过作用，
（他们以前好像给羽毛未丰的雏鸟送过小虫子，而如今这些鸟应该自己
    起来飞翔和歌唱了）
接受了那些粗糙的神的速写来更好地充实我自己，又大方地赠送给我
    所看见的每个男人和女人，
我发现在一个建造房屋的建筑工身上有着同样或更多的神性，
当他卷起袖筒、挥动钳子和凿刀时他能要求更高的尊重，
我并不反对接受特殊的启示，认为一缕烟或我手背上的一根汗毛也与
    任何启示一样的奇异；
对我说来那些驾着救火车和攀缘绳梯的小伙子并不亚于古代战争中的
    诸神，
当我注意到他们那滚过毁灭性倒塌中的声音，
他们那健壮的肢体在烧焦的木板上安全走过，他们那雪白的前额完整
    无恙地从火焰中露出；
那个怀抱着婴儿喂奶的机械匠妻子就是在为每个出生者提出生之权利
    的申请，

---

① 克罗诺斯，希腊神话中大神宙斯之父，宙斯则为诸神之父。赫拉克勒斯，希腊神话中的英雄。
② 奥西里斯，埃及神话中的冥神，为主生殖的女神伊西斯之夫。柏罗斯，希腊神话中埃及国王。婆罗贺摩，是印度教中的宇宙的灵魂。
③ 玛尼多，美国红印第安人崇拜之神。安拉，伊斯兰教徒对唯一神的称呼，即真主。
④ 奥丁，北欧挪威的战争之神。麦西特里，墨西哥印第安人的战争之神。

三位健壮的、裙子在腰上鼓胀着的天使并排地挥舞着三把镰刀在嚓嚓
　　地收割,
那牙齿不全的红头发马夫为了补救他过去和未来的罪恶,
在卖掉他所有的财产,为他的兄弟步行去雇律师,并在他因伪造文书而
　　受审时坐在他旁边陪着;
那些散布得最广的东西也只散布在我周围一个平方杆之内,而且还没
　　有把这个平方杆铺满。
公牛和小虫从来没有受到足够的颂赞,
粪便和泥土有梦想不到的可敬之处,
神异的东西算不了什么,我自己正等待着有一天也成为神圣之物,
那一天快要来了,那时候我将做出像最优者那么多的好事,并显得同样
　　惊人,
我指着生命的块根起誓! 我已经成为一个造物者,
此时此地我就将我自己放进暗影潜伏的子宫。

42

人丛中的一声叫喊,
我自己的声音,清亮圆满,横扫一切而很有决断。

来吧,我的孩子们,
来吧,我的男孩和女孩们,我的女人、家属和亲人们,
现在演奏家已经来劲,他已经用内心的笙管把序曲完成。

容易地写成和信手演奏的和声啊——我感觉到了你弹拨的高潮和尾
　　声。

我的头在我的脖子上转动,
音乐悠扬婉转,但并非来自风琴,
人们围绕着我,但他们并不是我的家人。

永远是坚硬平坦的大地,
永远是些吃着喝着的人,永远是朝升西落的太阳,永远是空气和不停的
　　潮汐,
永远是我自己和我的邻居,爽朗的,恶毒的,诚实的,
永远是古老的不能解释的疑问,永远是那个刺伤的拇指,永远是那种发

痒和渴望的呼吸,
永远是使人恼怒的咻咻声,直到我们发现了那个狡诈者躲藏的地方并
　　把他揪了出来,
永远是爱,永远是生命抽泣的泪水,
永远是颌下的绷带,永远是死人的床位。
这里那里眼睛给蒙上了小银币的人在奔走,
为了塞满无餍的肚皮,脑子在放肆地大搞诡计,
买呀,卖呀,捞取票子呀,却一次也不去参加节期,
许多人流汗,耕田,收割,却只得到秕糠当报酬,
几个懒怠的占据一切,他们不断把麦子据为己有。

这是那座城市,我是其中的一个公民,
凡是与别人有关系的我也同它有关,如政治,战争,市场,报纸,学校,
市长和议会,银行,税率,轮船,工厂,货仓,店铺,不动产与动产。

那些渺小而众多的侏儒穿戴着硬领和燕尾服在到处蹦跳,
我知道他们是谁,(他们肯定不是蛆虫或跳蚤)
我承认这些我自己的复本,其中最软弱最浅薄的也与我一样长命不死,
我所有的行动和言论对他们都同样适合,
我心中翻搅着的每个思想都同样在他们心中翻搅。

我十分明白我自己的自我中心主义,
我明白我的兼收并蓄的诗行并且绝不能少写,
并且无论你是谁也要拿你来充实我自己。
我的这首歌不是一些惯常的词句,
而是直率的质问,跳出很远但收得更近;
这是一本印刷和装订好的书——但是那印刷者和印刷厂的孩子呢?
这是些拍得很好的照片——但是那紧靠在你怀中的你的实实在在的妻
　　子和朋友呢?
这艘装配着铁甲的黑色的船,它那巨大的枪炮安装在炮塔里——但是
　　船长和工程师们的胆量呢?
屋子里有碗碟、食品和家具——但是主人和主妇以及他们眼中的表情
　　呢?
天在高处——但是在这里或隔壁,或者在对过呢?
历史上有的是圣人和贤人——但是你自己呢?

讲道，信条，神学——但是那深不可测的人类，脑子又怎样？什么是理性？什么是爱？什么是生命呢？

44

现在是说明我自己的时候了——我们站起来吧。

凡是已知的，我都抛开，
我带着所有的男人和女人同我一起进入未知的世界。

时钟指出一个瞬息——但永恒指出什么呢？

我们至今已历尽亿万兆个冬天和夏天，
前面还有亿万兆个，还有亿万兆个在它们的前面。

出生给我们带来了丰富的多样，
更多的生命还将给我们带来丰富的多样。

我不把某一个称为较大的而把另一个称为较小的，
那个将其时间和空间占领了的事物与任何其他事物相等。

人类想谋杀或妒忌你吗，我的兄弟，我的姐妹？
我为你难过，他们并不想谋杀或妒忌我，
人人都对我温和，我不同忧伤打交道。
（我和忧伤有什么相干呢？）

我是已完成的事物的顶点，而且我包含着未来的事物。

我的脚踏在梯子的最高层，
每个梯级是一大段年代，梯级之间是更长的一段年代，
下面的一切都按时经过了，而我仍然在攀登攀登。

上升再上升，让幽灵们在我后面躬身俯首，
我远远往下看见那巨大的第一个乌有，我知道我甚至曾在那里，
我总是在暗中等候，在冷漠的迷雾中昏沉地睡着，
不慌不忙，恶臭的碳质也不曾伤害我。

我被长久地紧紧抱住——很久很久。

为我而做的准备是很宏伟的，

忠实而友好的臂膀扶助了我。

无数个世纪引渡着我的摇篮,像快乐的船夫摇呀摇着,
星星为了给我让出地方而远远地绕着它们的圈子,
它们施加影响来照看我将要出现的场合。

在我从母亲肚子里出生之前,多少个世纪引导了我,
我的胚胎从不麻痹,什么也不能使它窒息。

为了它,星云凝结成一个地球,
地层漫长而缓慢地堆积,让它在上面栖留,
大量的植物给它以营养,
巨大的蜥蜴把它含在口里运送并小心地将它伺候。

为了完成我并使我快乐,一切力量都积极地调动了,
如今在这个地点我才与我健壮的灵魂一起站着。

45

啊,青年时代!伸张不尽的弹力!
啊,成年时代,匀称,红润而又丰满。

我的情人们使我窒息,
挤压着我的嘴唇,堵塞着我皮肤的毛孔,
拥着我走过大街和公共大厅,晚上光着身子来到我这里,
白天从河岸的岩石上叫喊着"啊嗬"!在我头顶上晃着,喊喊喳喳地嚷
　　着,
从花坛、葡萄藤和交缠的树丛中喊我的名字,
栖落在我生命的每一个瞬间,
以温馨甜蜜的吻亲遍我的身体,
又悄悄地从她们心窝里掏出来并送给我一把把的东西。

老年壮丽地升腾!欢迎啊!临终日子的难以名状的佳境!
每个情景不只宣告自己的存在,它还宣告它以后和从它自己要产生的情
　　景,
而且黑暗的寂静也具有同样的作用。

晚上我打开天窗,看见那远远散布的星网,

而我所看见的一切再乘以我所能想象出的最高数字，也只能碰到那更远的星系的边上。

它们愈来愈广地散布，铺展，永远地铺展，
向外面，向外面，永远向外面。

我的太阳也有它自己的太阳，并环绕它顺从地旋转，
它联合它的同伙，那更高地环行的一群，
而后面有更大的一群跟着，使它们中那些最大的也成了小点。

没有停止也永远不会有停止，
如果我，你，大千世界，以及它们底下或上面的一切，
此刻都还原到一种苍白的浮游物，那也会终归徒然，
我们一定会重新回到我们现在站立的地点。
一定会走得同样远，然后更远更远。

几个亿万年代，几个亿万立方英里，并不会危害这段距离或使它性急，
它们只不过是局部，任何事物都只是局部而已。

无论你望得多远，还有无限的空间在眼界之外，
无论你怎样计算，还有无限的时间在周围等待。

我的约会地已经指定，那是确实的，
上帝会在那里等候直到我顺利地到了，
那位最伟大的伙伴，我所渴想的情人将在那里等着。

46

我知道我享有最优越的时间和空间，而且从来没有被度量过，也永远不会被度量。

我走着一个永恒的旅程，（都来听听吧！）
我的标志是一件雨衣，一双好鞋，和从树林中砍来的一根手杖，
我的朋友谁也不在我的椅子上休息，
我没有椅子，没有教堂，没有哲学，
我不把任何人领到图书馆、交易所或餐桌旁，
但是我把你们中每个男人和每个女人领到一个小山丘上，
我的左手搂着你的腰部，

我的右手指着各个大陆的风景和那条大路。

我不能,别的任何人也不能替你在那条大路上旅行,
你必须自己走去。

它并不远,它可以达到,
也许你自从出生以来一直在走,但并不知道,
也许它在水上和陆上各处。

背上你的行李吧,亲爱的儿子,我也要背上我的,让我们赶快前行,
我们一路上将观赏美妙的城市和自由的国土。

如果你累了,就把两个包袱都给我,并将你的手掌放在我的臀部,
到适当时候你会以同样的方式回报我,
因为我们一出发就再也不会躺下休息了。

今天天亮前我登上一座小山,望着拥挤的天空,
我对我的精神说,当我们拥有这些星球以及它们身上一切事物的欢乐
    和知识时,我们就充实和满足了吗?
我的精神说不,我们仅仅达到了那个高度,还要越过它继续攀登。

你也在向我提出问题,我听见了,
我回答说我不能答复,你必须自己去寻找。

坐一会儿吧,亲爱的儿子,
这里有饼干可吃,这里有牛奶好喝,
但是只要你睡一觉,换上舒适的衣裳,精神恢复了,我便给你一个告别
    的吻,并打开大门让你从这里出走。

你耽于可鄙的梦想已够久的了,
现在我要洗掉你的眼污,
你必须让自己习惯于刺目的阳光和你生活中某个耀眼的片刻。

你胆小地抱着木板在岸边涉水已经很久了,
如今我要你做一个勇敢的游泳者,
要你跳进海里,又浮上来,向我点头,大喊,并笑着把头发甩往脑后。

47

我是运动员的教师,
那个在我身旁挺着比我更宽阔的胸膛的人证实了我自己的宽阔,
谁在我的教导下学会了推翻他的教师,谁就最尊崇我的教导。

我爱的那个孩子,他长大成人不是靠外来的力量,而是凭自己的能力,
他宁愿桀骜不驯也不要出于恭顺和畏惧的美德,
他热爱他的女友,津津有味地吃他的牛排。
他觉得患单相思或被人轻蔑比锐利的刀子还难以忍受。
他在骑马、决斗、射击、驾船、唱歌或弹琴方面都是第一流的好手,
他喜欢伤疤和胡子以及有麻子的脸孔,而不爱那些满面皂沫的男人,
喜欢皮肤晒得黑黑的人而不爱成天不见太阳的家伙。

我教导人们离我而去,可是谁能离我而去呢?
无论你是谁,我跟着你,从此时开始,
我的话使你的耳朵发痒,直到你理解为止。

我说这些事并不是为了赚一块美元,或者在等船时消磨时间。
(其实你也说得和我一样多,我只是充当你的舌头,它给拴在你嘴里,
   而在我嘴里却开始解脱了。)

我发誓我永远不再在屋子里说起爱情或死亡,
我还发誓我永远不解释我自己,只有同他或她单独躲在户外时才能破
   例。

如果你想了解我,就到山上或水边去吧,
近在身旁的小昆虫便是一种解说,一滴水或一个微波便是一把钥匙,
那木槌,那桨,那锯子,都证实我的言词。

没有哪间紧闭的房子或学校能与我交流,
但是莽汉和小孩要比它们好得多。

年轻的机械匠跟我最亲密,他熟悉我,
身上背着斧头和水罐的伐木工人会带着我整天在一起,
在田里耕种的农家小伙听见我的声音时会感到快乐,
在航行的船上我的言语也在航行,我跟渔夫和水手交往,我爱他们。

那个在宿营或行进中的士兵是属于我的,

在战斗打响的前天晚上,许多人来找我,我没有让他们失望,
在那个庄严的夜晚(那可能是他们的最后一晚),那些认识我的人都来找我谈谈。

我的脸去摩擦猎人的脸,当他在毯子里孤独地躺下的时候,
赶车的人想着我,不顾他车子的颠簸,
年轻的母亲和年老的母亲都理解我,
女孩和妻子也停针片刻,忘记了她们在哪里,
他们所有的人都在重温我告诉他们的东西。

48

我说过灵魂并不优于肉体,
我也说过肉体并不优于灵魂,
对于一个人来说,没有什么,包括上帝,是比他自己更加伟大的,
谁要是走了一小段路程还没有给别人以同情,他便是穿着尸衣走向自己坟墓的人,
而我或你身无分文,却可以购买世界上最高档的商品,
只要眼睛一瞥或指出豆荚中的一颗豆子,就能使古往今来的学问无地自容,
任何行业和职务,只有干着它的青年人能够成为英雄,
任何柔弱的物体都能作为旋转着的宇宙的中心,
我对任何的男人和女人说,让你的灵魂在百万个宇宙面前保持冷静和镇定。

于是我对人类说,不要对上帝怀有好奇心。
因为对每样东西都好奇的我却不那样看待上帝。
(无论用多少言词也不能说明我对上帝和死亡都看得多么平易。)

我在每件事物中都听到和看见上帝,可是对上帝却一点也不理解,
我也不理解世上还有什么人比我自己更奇妙一些。

我为什么还要希望比今天更好地看见上帝呢?
每天二十四小时中每个小时乃至每一瞬间我都看到上帝的一些什么,
在男人和女人的脸上以及在镜子中我的脸上,我看见上帝,
在大街上我发现上帝丢下的书信,每封信上都签着上帝的名字,
我把它们留在原来的地方,因为我知道无论我到哪里去,
别的书信也会准时到来,永远如此。

52

苍鹰在上空掠过并斥责我,它怪我饶舌和迟迟不走。

我也一点都不驯顺,我也是不可解释的人,
我在世界屋脊上发出我的粗野的喊叫声。

白天的最后的日影为我流连,
它把我的在其余一切后面并像任何事物那样真实的影子投掷在多影的
　　荒原,
它劝诱我走向雾霭和昏暗。

我像空气一样走了,我向正在消逝的太阳摇晃着我的绺绺白发,
我把我的血肉抛入漩涡,像包在花边样的皱襞中漂泛。

我将我自己馈赠给秽土,让它生长在我所爱的草丛里,
如果你想再得到我,请到你的靴后跟底下去寻觅。

你很可能不会知道我是谁或我有什么意义,
但是我仍然会有益于你的健康,
并将滤净和增强你的血液。

如果你一时找不着我,请仍然保持勇气,
一处不见就到另一处去寻觅,
我总会在某个地方等着你。